Deutsch 2000

*Eine Einführung in die
moderne Umgangssprache*

BAND 1

Lehrerheft

MAX HUEBER VERLAG

DEUTSCH 2000
Eine Einführung in die moderne Umgangssprache in drei Bänden
von Roland Schäpers
in Zusammenarbeit mit Renate Luscher, Gerd Brosch und Manfred Glück

Lehrerheft zu Band 1
von Roland Schäpers

Hueber-Nr. 32.1180
3. Auflage 1974
© 1972 Max Hueber Verlag München
Satz: Gebr. Parcus KG, München
Druck: Ludwig Auer, Donauwörth
Printed in Germany

Inhaltsverzeichnis

Deutsch 2000, Erste Lernstufe (Band 1) – Übersicht

Schülermaterial		Lehrermaterial	
Bücher	**Tonträger**	**Bücher**	**Bild- und Tonträger**
1. Deutsch 2000 Band 1 Hueber-Nr. 1180	1. 4 Schallplatten (Lektionstexte) Hueber-Nr. 26.1180	1. Lehrerheft Hueber-Nr. 32.1180	1. 85 Diapositive (Zeichnungen der Lektionen 1–8) Hueber-Nr. 29.1180
2. Arbeitsbuch Hueber-Nr. 22.1180	2. 1 Compact-Cassette (Lektionstexte) Doppelspuraufnahme (für Normalrecorder) Hueber-Nr. 27.1180	2. Abschluß-Erfolgstest Aufgaben- und Antwortbogen, Korrekturschablone Hueber-Nr. 52.1180–54.1180	2. 8 Filmstreifen (Zeichnungen der Lektionen 1–8) Hueber-Nr. 57.1180
3. Grammatisches Beiheft in mehreren Sprachen	3. 1 Compact-Cassette (Lektionstexte mit Nachsprechpausen) Doppelspuraufnahme (für Normalrecorder) Hueber-Hr. 83.1180		3. 1 Tonband (Lektionstexte) Doppelspuraufnahme Hueber-Nr. 55.1180
4. Glossare: Englisch (62.1180) Französisch (63.1180) Spanisch (64.1180) Italienisch (65.1180) Portugiesisch (66.1180) Niederländisch (68.1180) Ungarisch (69.1180) Serbokroatisch (72.1180) Polnisch (74.1180) Dänisch (76.1180) Schwedisch (77.1180) Griechisch (78.1180) Türkisch (79.1180) Rumänisch (82.1180) Koreanisch (86.1180) Slowenisch (89.1180)	4. 5 Compact-Cassetten (Sprechübungen) Doppelspuraufnahme (für Normalrecorder) Hueber-Nr. 84.1180		4. 7 Tonbänder (Sprechübungen) Halbspuraufnahme mit freier Schülerspur Hueber-Nr. 56.1180
5. Textheft (Sprechübungen) Hueber-Nr. 59.1180			5. Dia-Serie zur Landeskunde Hueber-Nr. 58.1180
6. Lesehefte Hueber-Nr. 22.1180–24.1180			6. Europa- oder Deutschlandkarte

Zielsetzung

Ziel der drei Bände des Grundlehrgangs von *Deutsch 2000* ist die Vermittlung von Fertigkeiten im mündlichen und schriftlichen Gebrauch der modernen Umgangssprache, die es dem Schüler erlauben, sich in den wichtigsten Situationen in den deutschsprachigen Ländern zu behaupten. Er soll in der Lage sein, über Fragen seines eigenen Lebens- und Arbeitsbereiches in angemessener Form Auskunft zu geben und im mündlichen Gebrauch der Sprache so weit geübt sein, daß er beruflich und gesellschaftlich notwendige Kontakte herstellen kann. Diese Zielsetzung entspricht den Anforderungen des „Zertifikats Deutsch als Fremdsprache", die vom Deutschen Volkshochschul-Verband in Zusammenarbeit mit dem Goethe-Institut festgelegt wurden. (Einzelheiten dazu finden sich bei Gerd Brosch, Das Zertifikat Deutsch als Fremdsprache, in *Zielsprache Deutsch* 1/1972. Die Broschüre *Das Zertifikat Deutsch als Fremdsprache* kann von der Pädagogischen Arbeitsstelle des Deutschen Volkshochschul-Verbandes, 6 Frankfurt/Main, Holzhausenstraße 21, bezogen werden.)

Das Zertifikat bescheinigt sprachliche Fertigkeiten, nicht aber landeskundliches oder literarisches Faktenwissen. Dementsprechend ist auch *Deutsch 2000* auf den möglichst raschen Erwerb fundierter Sprachkenntnisse im Sinne geläufiger Ausdrucksfähigkeit in der modernen Umgangssprache ausgerichtet.

Deutsch 2000 vermittelt in drei Bänden eine solide Basis, auf der später mit verschiedenen Zielsetzungen aufgebaut werden kann. Das vollständige System wird im Bereich des Fortgeschrittenen-Unterrichts sowohl Materialien für die landeskundlich-literarische Bildung als auch für die technisch-fachsprachliche Weiterbildung umfassen*. Die sprachliche Grundausbildung ist jedoch mit den drei Bänden des Grundlehrgangs abgeschlossen, so daß der Schüler zusätzlich zu den Prüfungen seines eigenen Instituts die Prüfung zum „Zertifikat Deutsch als Fremdsprache" ablegen kann, wenn das, beispielsweise für eine Berufstätigkeit oder die Fortsetzung des Studiums in Deutschland, geraten erscheint.

---

* Der Max Hueber Verlag, D-8045 Ismaning, Krausstr. 30, unterrichtet Sie laufend über weitere Neuerscheinungen. Bitte teilen Sie Ihre Privatadresse mit.

Adressaten

Im Rahmen der beschriebenen Zielsetzung, das heißt, in einem Unterricht, der nach moderner methodischer Konzeption auf Spracherwerb ausgerichtet ist, kann *Deutsch 2000* ohne Unterschied bei Jugendlichen und Erwachsenen eingesetzt werden. Für den Vorschul- oder Elementarschul-Unterricht ist es vom thematischen Inhalt und vom Motivationswortschatz her nicht geeignet.

Es werden weder fremdsprachliche Vorkenntnisse noch eine allgemeine formal-grammatische Bildung in irgendeiner Sprache vorausgesetzt. In allen drei Bänden des Unterrichtswerkes wird zunächst konsequent ohne jede grammatische Terminologie gearbeitet. Das bedeutet aber nicht etwa, daß jedes grammatische Beschreibungssystem abgelehnt würde. Es bleibt dem Lehrer überlassen, ob und wann er sich für die Einführung einer systematischen grammatischen Terminologie entscheidet. Er soll damit in die Lage versetzt werden, den zweifellos nötigen formal-grammatischen Ansatz genau auf seine Adressatengruppe und seine spezielle Unterrichtssituation abstellen zu können. Näheres hierzu findet sich im Kapitel „Die grammatischen Übersichten" auf Seite 13 dieses Lehrerheftes und im Kapitel „Arbeitsbuch, Grammatische Beihefte und Glossare" auf den Seiten 19 ff.

Dauer und Häufigkeit des Unterrichts

Deutsch 2000 ist nicht von vornherein auf eine bestimmte Unterrichtsdauer bezogen. Die Einteilung des Werkes entspricht linguistisch-methodischen Prinzipien, über die noch zu sprechen sein wird, und erst in zweiter Linie organisatorischen. Grundsätzlich gilt natürlich, daß häufigere (auch kürzere) Unterrichtseinheiten sehr viel effektiver sind als etwa der einmal in der Woche stattfindende Unterricht mit einer Doppelstunde. In diesem Falle, der sich an Volkshochschulen, Abendschulen und ähnlichen Instituten nicht vermeiden läßt, muß der Lehrer von vornherein darauf hinweisen, daß Sprachunterricht ohne ein Minimum an häuslicher Arbeit Zeitverschwendung ist, weil nur ein kleiner Prozentsatz von Hochbegabten das Ziel erreicht. Es empfiehlt sich deshalb, die Schüler rechtzeitig auf das verfügbare Zusatzmaterial aufmerksam zu machen und ihnen zu erläutern, wie man mit Schallplatten, Tonbändern, Tonband-Cassetten und Arbeitsbüchern optimal umgeht. Es wäre infolgedessen leichtfertig, global eine

Zeit anzugeben, die etwa bei sogenannten „Null-Anfängern" für die Durcharbeitung des ersten Bandes anzusetzen wäre. Unsere eigenen Erfahrungen im Deutschunterricht mit heterogenen Klassen und die jahrelange Beobachtung des Unterrichts im In- und Ausland haben uns gezeigt, daß globale Zeitangaben nur zu falschen Vorstellungen und zu Frustrationen auf beiden Seiten führen. Erst eine Analyse des Lernfortschritts im Verhältnis zum Zeitaufwand (Test 1 nach Lektion 4 im ersten Band von *Deutsch 2000*) läßt einigermaßen sichere Voraussagen zu. Bei homogenen Klassen mit gleicher Ausgangssprache spielt sich der Rhythmus naturgemäß schneller ein, wobei es allerdings (trotz des grundsätzlich einsprachigen Unterrichts) noch eine Rolle spielt, ob der Lehrer selbst Muttersprachler ist oder nicht. Der gut ausgebildete Nicht-Muttersprachler ist gegenüber dem deutschen Lehrer, der die Ausgangssprache seiner Schüler nicht oder nur unvollkommen beherrscht, eindeutig im Vorteil.

Das Sprachmaterial

Bei der Auswahl des Sprachmaterials (Wortschatz und Strukturen) und seiner progressiven Verarbeitung wurden die neuesten Ergebnisse der wissenschaftlichen Forschung berücksichtigt, soweit sie für die vorliegende Zielsetzung relevant sind. Den drei Bänden des Grundlehrgangs von *Deutsch 2000* dient das Sprachmaterial als Basis, das als Voraussetzung für das bereits erwähnte „Zertifikat Deutsch als Fremdsprache" gilt. Es handelt sich dabei um einen Mindestwortschatz von etwa 2000 Wörtern und um eine Zusammenstellung der häufigsten Strukturen. Der Mindestwortschatz soll später in der Form von zweisprachigen Lernwörterbüchern in den wichtigsten Sprachkombinationen auch für den Schüler nutzbar gemacht werden.

Die Zugrundelegung von Mindestwortschatz und Strukturliste bedeutet, daß *Deutsch 2000* das Sprachmaterial bringt, das deutsche Wissenschaftler im öffentlichen Auftrag erarbeitet haben und das demzufolge den augenblicklichen Stand unserer Einsichten in die moderne deutsche Umgangssprache darstellt. Über die Auswahlprinzipien gibt ebenfalls die Broschüre *Das Zertifikat Deutsch als Fremdsprache* Auskunft.

Die wissenschaftliche Arbeitsgruppe unter Leitung von Hugo Steger (Universität Freiburg im Breisgau), die den Mindestwortschatz erstellte, war sich von Anfang an darüber klar, daß jeder Mindestwortschatz, der sich an einen so breit gestreuten Adressatenkreis wendet, wie das beim Fach Deutsch als Fremdsprache der Fall ist, seine Grenzen und seine Gefahren hat. Außerdem bestand kein Zweifel darüber, daß allgemeine Gültigkeit und Verwendbarkeit für alle Adressaten nur im Bereich der Funktionswörter, nicht aber im Nominalbereich und bei den Verben erzielt werden kann.

Deutsch 2000 integriert den Mindestwortschatz und die Strukturliste vollständig, geht aber vor allem im rein lexikalischen Bereich darüber hinaus. Aus einem absoluten Minimum lassen sich keine flüssigen Texte formen, die die Aufmerksamkeit des Schülers erregen und die Motivation entweder aufbauen oder aufrechterhalten. Lexikalische Einheiten, die in keiner Frequenzliste zu finden sind, müssen deshalb aus pädagogischem Blickwinkel gesehen werden. Natürlich haben die Wörter *Tabakimporteur* und *Flugkapitän*, die sich im ersten Band von *Deutsch 2000* bereits in Lektion 3 finden, ebensowenig realen Gebrauchswert wie etwa der *Lokführer*, der in Lektion 20 auftaucht. Sie haben aber einen hohen Aufmerksamkeitswert und im Rahmen der Textsorte, in der sie verwendet sind, eine reale Funktion. Eine Vokabel, die in einem Anfängerlehrbuch zunächst exotisch anmutet, muß also immer auf ihre Funktion im Textzusammenhang analysiert und danach beurteilt werden, was sie im Rahmen der Gesamtsituation, das heißt linguistisch und pädagogisch, leistet.

Das alphabetische Wortschatzregister im Anhang des ersten Bandes von *Deutsch 2000* weist 1039 Einträge auf. In dieser Zahl sind alle Formen der Pronomen, alle Ableitungen und Komposita, Monatsnamen, Wochentage, etc. als Einzeleinträge enthalten. Zieht man diese Einheiten ab und berücksichtigt ferner den Motivationswortschatz sowie solche Vokabeln, die in Texten zum Leseverständnis auftauchen und nicht aktiviert werden, so bleiben 737 Wörter des Mindestwortschatzes, die voll aktiviert werden.

Ein Problem, das Lexik und Strukturen gleichermaßen betrifft, ist das der Regie- und Übungsanweisungen und des sogenannten Klassenvokabulars. Es ist klar, daß Vokabeln aus diesem Bereich in keinem Frequenz- oder Mindestwortschatz zu finden sind und daß es unmöglich ist, sie sinnvoll in interessante Texte im Rahmen der Strukturprogression einzubauen. *Deutsch 2000* bringt deshalb weder im Text noch in den Übungen Klassenvokabular und Regieanweisungen. Im zweiten Teil dieses Lehrerheftes ist jedoch bei jeder einzelnen Lektion angemerkt, welche Anweisungen nötig sind und wie sie eingeführt werden können. Strukturell gesehen sind diese Anweisungen immer Vorgriffe, die sich aber durch die ständige Wiederholung einschleifen. Im Zweifelsfall ist es vernünftiger, sie beim ersten Gebrauch zu übersetzen. Sie sollten keinesfalls voreilig grammatisch erklärt werden. Lexik und Strukturen richten sich ausschließlich nach dem heutigen Gebrauch, nicht nach den Regeln älterer normativer Grammatiken. Da Morphologie und Phonetik grundsätzlich vom sozial-kommunikativen Aspekt der Sprache abhängen, ist das Urteil „Richtig" oder „Falsch" allein aufgrund des Schriftbildes nicht möglich. Die Stellung der Sprecher zueinander ergibt sich nur im Zusammenhang mit dem Klangbild. Es ist versucht worden, diese Tatbestände in den Tonbandaufnahmen möglichst real herauszuarbeiten. Aus diesem Grunde sollte auf den Gebrauch der Tonbänder nicht verzichtet werden, zumal die Darstellung der Dialog-Rollen durch einen einzigen Sprecher problematisch ist.

Den subtilen Problemen der ohnehin verwirrenden deutschen Rechtschreibung sollte auf dieser Stufe keine übertriebene Aufmerksamkeit gewidmet werden. Wir meinen hier etwa die Schreibweise von *zu wenig* und *zuwenig, so viel* und *soviel* und ähnliche Fragen. Im Falle des Wortes *skifahren* haben wir uns für zwei Varianten entschlossen, die methodisch als Analogie zu den übrigen Übungen begründet sind. (S. 64, 65 und 97).

Die methodisch-didaktische Konzeption

Auf eine kurze Formel gebracht, würde die Forderung an ein ideales Unterrichtswerk etwa folgendermaßen lauten: Es soll die wichtigsten Elemente des heutigen Sprachbestandes in kommunikativ-relevanter Form darbieten, wobei die Inhalte den Ansprüchen der Adressatengruppe angepaßt sein müssen und die methodische Verarbeitung sowohl den immanenten Gesetzen der Sprache als auch den Anforderungen der Lernpsychologie zu entsprechen hat. Da die sehr unterschiedlichen Forderungen, die von den einzelnen, am Fach „Fremdsprachenunterricht" beteiligten Disziplinen gestellt werden, in keinem Falle vollständig realisiert werden können, ist der Lehrbuchautor ständig zu Kompromissen gezwungen. In einem Punkte allerdings herrscht seit längerer Zeit Einigkeit unter den Sprachmethodikern: Sprache soll so dargestellt und gelehrt werden, wie sie in Wirklichkeit, d. h. im Dialog und im geschriebenen und gedruckten Text, funktioniert. Diese Forderung ist im Grunde nichts anderes als die nach „relevanten Texten", nach „Situationen" oder „Sprechanlässen", die real sind oder der Realität nahekommen und die in der Form, in der der Schüler sie lernt, verwendet werden können. Dieses Prinzip stößt sich sehr hart mit der grammatischen Komponente des Sprachunterrichts, die bis vor kurzem vorherrschte und auf eine möglichst rasche Systematisierung vollständiger Paradigmen abzielt. Nun gibt es schlechterdings keine Situation und infolgedessen auch keinen Text, in dem sinnvoll etwa die ganze Konjugation von „sein" oder „haben" vorkommt. Es ist infolgedessen sinnlos, dem Schüler ein ganzes morphologisches System zu geben, wenn er im Augenblick nur zwei oder drei Formen sinnvoll, d. h. im Textzusammenhang und semantisch richtig, verwenden kann. Die früher übliche „lineare Progression" muß also aufgegeben werden zugunsten eines Aufbaues, den man eher als „konzentrisch" bezeichnen könnte. (Vgl. Roland Schäpers, Lineare Progression und konzentrischer Aufbau, in *Zielsprache Deutsch* 1/1972.) Konzentrisch bedeutet: Die grammatischen Formen werden so vorgeführt, wie sie zwanglos in einem Dialog oder einer bestimmten Textsorte vorkommen. Diese Formen, und zunächst nur diese, werden eingeübt. In den folgenden Lektionen wird das Paradigma erweitert und erst dann vollständig vorgeführt, wenn der Schüler mit jeder einzelnen Form etwas anfangen kann, d. h., wenn er die Form im Textzusammenhang gesehen hat und sich über ihren Gebrauch klargeworden ist. Manche Paradigmen bleiben auf diese Weise sehr lange unvollständig, weil sich in jeder Sprache sog. „Strukturleichen" finden, die grammatisch richtig sind, aber nur in ganz bestimmten, sehr seltenen Kontexten vorkommen, und dann nie in der strukturell reinen, sondern durch Angaben erweiterten Form.

Die konzentrische Anordnung des Sprachmaterials bedingt eine gewisse Disziplin auf der Seite des Lehrers. Wenn beispielsweise im Text die Form „Wohnen Sie in München?" auftaucht, dann muß er der Versuchung widerstehen, sofort „ich wohne, du wohnst, etc." an die Tafel zu schreiben. Das vollständige Paradigma kommt später, hier würde es im Augenblick nur den Unterrichtsablauf stören. Das bedeutet nun nicht, daß man nicht gelegentlich doch eine Form an die Tafel schreiben dürfte, die im Augenblick noch nicht gebraucht wird. Gerade ältere Schüler und Erwachsene haben ein begreifliches Bedürfnis nach schneller Systematisierung und Rationalisierung, vor allem dann, wenn sie früher schon einmal Sprachunterricht alten Stils gehabt haben und über eine entsprechende Lerntechnik verfügen. Wenn ein Schüler also konkret nach einer Form fragt, sollte man sie nennen. Aber die systematische Konjugation oder Deklination an einer Stelle, wo das Lehrbuch sie noch nicht vorsieht, ist grundsätzlich zu vermeiden, wie überhaupt das mechanische Heruntersagen grammatischer Tabellen im modernen Sprachunterricht keinen Platz hat.

Wir trennen sehr scharf zwischen dem systematischen Einprägen grammatischer Formen anhand von Tabellen, ohne das manche Schüler nicht auskommen (das aber der häuslichen Arbeit mit dem grammatischen Beiheft vorbehalten sein sollte), und dem eigentlichen Sprachunterricht, der sich als Frontalunterricht in der Klasse vollzieht und aus dem auf beiden Seiten aktiven Unterrichtsgespräch besteht. Je lebendiger dieses Gespräch ist und je stärker die Schüler aktiviert werden, desto weniger fällt es ihnen auf, daß sie vorläufig noch mit Bruchstücken der Sprache arbeiten und daß ihnen die Übersicht noch fehlt.

Nun wird man natürlich, auch unter den rigorosen Bedingungen des „relevanten Textes", versuchen, bestimmte grammatische Erscheinungen, um die es gerade geht, gehäuft zu bringen. Das ist auch in *Deutsch 2000* der Fall, wo das anerkannte Prinzip der sog. „Strukturanekdote" intensiv, aber nach außen hin möglichst zwanglos verwendet wird. (Vgl. als Musterbeispiel Lektion 15 „Das Geschenk".) Dieses Prinzip, das uns heute im Hinblick auf die Textdarstellung als das einzig Richtige erscheint, hat den Nachteil, daß die Texte immer dort besonders „dicht" aussehen, wo es sich um ein morphologisch kompliziertes Kapitel der Grammatik handelt. Das ist im Deutschen z. B. beim Pronominalsystem der Fall, und man muß sich darauf einstellen, daß die entsprechenden Lektionen eine längere Unterrichtszeit in Anspruch nehmen als andere, bei denen es etwa vorrangig um Fragen der Konjugation geht. Im Sinne eines motivierenden Unterrichtes sollte man allerdings solche Lektionen (die den Schülern je nach Ausgangssprache unterschiedliche Schwierigkeiten bereiten) nicht über Gebühr in die Länge ziehen, sondern sie lediglich häufiger wiederholen. Im Arbeitsheft und in den Sprechübungen wird den morphologisch komplexen Kapiteln besondere Aufmerksamkeit geschenkt.

Deutsch 2000 ist so angelegt, daß jede Lektion zunächst mündlich auf deutsch erarbeitet werden kann. (Detaillierte Vorschläge finden sich im zweiten Teil dieses Lehrerheftes zu jeder einzelnen Lektion.) Damit wird nicht nur methodischen Einsichten Rechnung getragen, sondern auch der Tatsache, daß es heterogene Klassen mit Schülern verschiedener Ausgangssprache gibt, so daß sich der Lehrer nicht immer mit allen Schülern in ihrer Muttersprache verständigen kann. Die Einsprachigkeit ist also Prinzip, was aber nicht besagt, daß nicht gelegentlich eine schnelle Übersetzung sehr viel rationeller und deshalb schon aus Gründen der Unterrichtsökonomie legitim wäre. Da der Terminus Einsprachigkeit immer wieder zu Mißverständnissen führt, ziehen wir die Formulierung „die Unterrichtssprache ist Deutsch" vor. Es wurde schon erwähnt, daß wir die schnelle Übersetzung bei der Neueinführung von Regieanweisungen und Ausdrücken der Unterrichtsterminologie für durchaus richtig halten. Die eigentliche Übersetzung, die von den Methodikern als Fertigkeit sui generis betrachtet wird, hat im Elementarunterricht keinen Platz. Übersetzung bedeutet Arbeit an einem unbekannten oder weitgehend unbekannten Text und ist deshalb im Anfangsunterricht sowieso ausgeschlossen. Die Kontrollfrage „Was heißt das?", die der Schüler in seiner Muttersprache beantworten muß, ist noch keine Übersetzung, wie wir andererseits auch das Übersetzen einer vollständigen Lektion (nach der Erschließungs- und Übungsphase) nicht als Übung in der Fertigkeit des Übersetzens, sondern als reine Kontrolle betrachten.

Die Präsentation des Textes mit anschließender mündlicher Erarbeitung kann in den ersten Lektionen nur anhand von Bildern geschehen. (Zur Funktion der Illustrationen siehe Seite 15 dieses Lehrerheftes.) Da das Buch zunächst unbedingt geschlossen zu halten ist, weil Hören und Sprechen grundsätzlich vor dem Lesen kommt, ist jedes Lehrverfahren, das im Anfangsunterricht auf Bilder verzichtet, entweder unehrlich, weil eben doch verfrüht gelesen wird, oder aber für Lehrer und Schüler außerordentlich mühsam. Die Illustrationen zum ersten Drittel des Buches (Lektionen 1–8) stehen deshalb als Diapositive und wahlweise als Filmstreifen zur Verfügung. Sollte der Einsatz von Dias aus technischen Gründen unmöglich sein, so sollte man wenigstens (in diesem Falle dann im Zusammenhang mit den im Buch abgedruckten Illustrationen) das Tonband mit den Lektionstexten benutzen, weil es unmöglich ist, bei den Dialogen die einzelnen Rollen herauszuarbeiten, wenn lediglich der Lehrer als Sprecher zur Verfügung steht. Da die Erarbeitung der Lektionstexte anhand des Tonbands als unabdingbar angesehen wird, wurde auf die übliche namentliche Kennzeichnung des jeweiligen Sprechers verzichtet. Die Verteilung der Rollen wird durch die verschiedenen Stimmen deutlich. Um Verwechslungen auszuschließen, wurde in den Lektionen 1–15 jeder Sprecherwechsel durch einen Punkt am Zeilenanfang gekennzeichnet.

Die Verwendung des Tonbands verdeutlicht aber nicht nur die Verteilung der verschiedenen Sprecherrollen, sondern gewährleistet auch die jeweils situativ richtige Intonation der Dialogtexte. Des weiteren wird in den Lektionen 1–15 durch Geräusche, die den Dialog einleiten, abschließen oder situative Veränderungen andeuten, ein akustischer Rahmen geschaffen, der das Hörverständnis des Schülers gerade in der Präsentationsphase in wichtiger Weise unterstützt.

Der Aufbau

Die Lektionstexte (A-Teile)

Die A-Teile bringen eine ausgewogene Mischung von Textsorten, wie sie uns aus sprachlichen und methodischen Gründen erforderlich erschien. Es gibt den beschreibenden Text (1 A), die Mischung von Beschreibung und Dialog (2 A), die Rahmenhandlung mit dialogischem Hauptteil (3 A, 4 A, 5 A), den reinen Dialog (6 A), den Brief und die Erzählung. Diese Mischung erlaubt nicht nur die aus lernpsychologischen Gründen nötige inhaltliche Abwechslung, sondern garantiert, methodisch gesehen, ein hohes Maß an Transfer und Transformation, das beim Vorherrschen einer einzigen Textsorte (in älteren Lehrbüchern die Erzählung, in vielen modernen Werken ausschließlich der Dialog) nicht gewährleistet ist. Auch beim Wechsel der Textsorte in zwei aufeinanderfolgenden Lektionen gilt die immanente Struktur- und Vokabelwiederholung als Prinzip. In unseren Erläuterungen zu den einzelnen Lektionen ist exemplarisch angedeutet, in welcher Weise der Lehrer jeweils bei der Erläuterungsphase auf die Inhalte vorhergehender Lektionen zurückgreifen sollte. Da im Lehrerheft nicht alle Möglichkeiten ausgeschöpft werden konnten, sollten bei der Vorbereitung des Unterrichts grundsätzlich die vorhergehenden Lektionen einschließlich der dazugehörigen Illustrationen und Übungen mit herangezogen werden.

Die grammatischen Übersichten (B-Teile)

Die B-Teile bringen eine nach Mustern zusammengestellte Übersicht über den grammatischen Stoff der Lektionstexte, wie bereits erwähnt, ohne jede grammatische Terminologie. Sie dienen zunächst als Übersicht für den Lehrer, dann aber auch, wenn sich im Klassenunterricht Schwierigkeiten bei den Übungen ergeben sollten, als Nachschlagemöglichkeit im Zusammenhang mit dem Lektionstext. Sie können darüber hinaus zur Erläuterung des grammatischen Systems herangezogen werden, wenn der Lehrer mit einer spezifischen grammatischen Terminologie arbeitet, sollten aber nie dazu verführen, sog. „Grammatikstunden" alten Stils einzurichten. Im Frontalunterricht gibt es die Zweiteilung in „Sprachunterricht" und „Grammatikunterricht" nicht, sondern bestenfalls die Teilung in Klassenunterricht und Laborunterricht, soweit das organisatorisch möglich ist.

Solange nicht alle Grammatischen Beihefte zur Verfügung stehen, wird sich für den Lehrer die Frage erheben, in welchem Maße er mit grammatischer Terminologie arbeitet und mit welcher.

Die legitime Frage des Schülers nach dem Warum grammatischer Phänomene, beispielsweise beim Akkusativ, erfordert einfach eine Bezeichnung, wenn nicht schon bei der Einführung, dann auf jeden Fall später beim Üben und bei der Fehlerkorrektur. Der Lehrer muß also die Bezeichnung auswählen, die seinen Schülern noch am ehesten verständlich ist, und das wird im Normalfall die übliche lateinische sein. Man sollte diese Terminologie allerdings auf das nötige Mindestmaß beschränken, da ja in der ersten Unterrichtsstufe bei der Arbeit mit *Deutsch 2000* Band 1 beispielsweise das Kasussystem unvollständig bleibt. Es empfiehlt sich also nicht, das vollständige Kasussystem an die Tafel zu schreiben, wenn der Dativ noch nicht zur Debatte steht und der Genitiv überhaupt erst in der zweiten Unterrichtsstufe auftritt, zumal ja die grammatische Bezeichnung als solche keinerlei Aufschluß über Form und Verwendung gibt. Es muß also auch bei der Beschreibung defektiv verfahren werden, wobei meistens ein Vergleich mit der Ausgangssprache in Form einer Satzbautafel hilft. Auch grammatisch nicht vorgebildete Schüler, die eine morphologisch einfachere Ausgangssprache sprechen, erkennen die Funktion des Kasusmorphems etwa im Vergleich zu ihrer eigenen Sprache, in der die Satzstellung die Kennzeichnungsfunktion übernommen hat.

Die Übungen (C-Teile)

Ein optimaler Übungseffekt kann sich nur aus dem Zusammenwirken von drei Faktoren ergeben:
1. Der Anwendung der erarbeiteten Strukturen im Unterrichtsgespräch;
2. dem Einsatz der Sprechübungen in der Klasse oder im Sprachlabor (siehe Seite 25);
3. dem Durcharbeiten der Übungen im Buch, die weitgehend Kontrollfunktion haben.

Bei den Übungen im Buch fällt zunächst auf, daß jegliche Regieanweisung fehlt. Das hat zwei Gründe. 1. Es gibt keine formalgrammatischen Übungstypen, für die eine entsprechende Anweisung nötig wäre. Der Übungstyp *Bilden Sie das Präteritum* oder *Setzen Sie den Satz in die zweite Person Plural* (der, wie eben erwähnt, schon aus Gründen der grammatischen Terminologie problematisch wäre) kommt in *Deutsch 2000* nicht vor. 2. Die Übungen sind situativ und meistens mit Satzstimulus angelegt, so daß der Schüler aus dem vorgegebenen Paradigma erkennt, in welcher Form die Übung abzulaufen hat. Grundsätzlich treten vermischte Übungen, in denen der Schüler zwischen mehreren Formen zu unterscheiden hat, erst dann auf, wenn die einzelne Form in einer eigenen Batterie durchgeübt worden ist. Grundsätzlich gilt auch, daß jeder Teil der Übung wichtig ist, sowohl die Vorgabe als auch die verlangte Antwort, weil nämlich aus situativen Gründen das zu übende Element gelegentlich auch in der Vorgabe und nicht in der Antwort liegt. Die Schüler sollten also in jedem Falle Vorgabe und Antwort sprechen, was bei den meisten Übungen mit verteilten Rollen (bis zu drei Personen) möglich ist. Dabei sind die Vorgaben bzw. bei dreigliedrigen Übungen die Mittelteile ebenfalls von den Schülern zu sprechen, so daß sich ein Dialog in der Klasse ergibt, in den der Lehrer nur zur Korrektur eingreift. Wenn die Übung (Beispiel 5 C 1.) mit mehreren Verben in derselben Personalform abläuft, muß sie in jedem Falle auch mehrfach durchgemacht werden. Dasselbe gilt für Alternativen (6 C 7.) wie *Ja, den kenne ich* oder *Nein, den kenne ich nicht.* Wenn Übungen sehr komplizierte Vorgaben haben, die von den Schülern ganz mitzusprechen sind (Beispiel 6 C 13.), reicht es natürlich nicht, wenn der Lehrer im Sprachlaborverfahren den Stimulus zuruft, sondern die Schüler müssen die Vorgaben zunächst einmal aus dem Buch ablesen. Bei den meisten Übungen ist angemerkt, in welchen Personalformen sie funktionieren. Das bedeutet allerdings nicht, daß nicht noch weitere Kombinationen, vor allem im Rückgriff auf Übungen vorhergegangener Lektionen, möglich wären. Auf solche Möglichkeiten sollte vor allem bei der wiederholenden Übung morphologisch komplexer Kapitel, wie etwa Personalpronomen und Possessivpronomen, zurückgegriffen werden. Bei einigen wenigen Übungen wurde ein (!) gesetzt, um Lehrer und Schüler auf eine Schwierigkeit oder Unregelmäßigkeit aufmerksam zu machen.

Die Funktion der Illustrationen

Alle Illustrationen in *Deutsch 2000* sind von ihrer Funktion für die Texterschließung her gestaltet worden, wobei der Tatsache Rechnung getragen

15

wurde, daß bei fortschreitenden Kenntnissen auch die Notwendigkeit (ebenso wie die Möglichkeit), den Text ausschließlich durch Bilder zu erhellen, abnimmt. Rein äußerlich vom Layout her gesehen, fällt auch bei der Bildgestaltung und Verteilung die Dreiteilung des Buches auf. Die Lektionen 1–8 sind als audio-visueller Kurs ausgebildet, mit je einer Zeichnung zu jedem Textabschnitt; die Lektionen 9–15 haben am Kopf des A-Teils eine größere Zeichnung, in der die Gesamtsituation oder doch ein wesentlicher Teil des situativen Rahmens illustriert wird. Daneben hat auch dieses zweite Drittel des Buches noch die kleineren Zeichnungen, die den Phasenablauf verdeutlichen; die Lektionen 16–24 schließlich haben nur noch Situationsbilder in großem Format mit zunehmend illustrativem Charakter. Neben den Zeichnungen wird selbstverständlich auch der Bildanhang des Buches zur Erarbeitung des Textes mit herangezogen. Hinweise finden sich bei den Erläuterungen zu den einzelnen Lektionen, wo auch angegeben ist, in welcher Weise der Lehrer auf Illustrationen früherer Lektionen zurückgreifen sollte.

Die Zeichnungen sind so angelegt, daß jeweils ein Teil des Textes real illustriert wird. Auch in den ersten 8 Lektionen, die als AV-Kurs ausgebildet sind, wurde auf Symbole (Fragezeichen, Ausrufezeichen, etc.), die in manchen AV-Kursen grammatische Tatbestände andeuten sollen, verzichtet. Dadurch behält die Zeichnung neben ihrem methodischen Wert, den nur der Lehrer erkennt, auch die auflockernde und motivierende Funktion, auf die wir auch vom Charakter der Illustration her besonderen Wert gelegt haben. Die Zeichnungen erlauben es dem Lehrer, in moderner Weise zu unterrichten, ohne daß er zu jeder Stunde eine Fülle von Realien mit in die Klasse bringen muß.

In der Erschließungsphase ist darauf zu achten, daß das Bild tatsächlich nur zur Erläuterung des Textteils herangezogen wird, zu dem es gehört. In der Zeichnung gezeigte Gegenstände, die im Text nicht vorkommen, sollten vom Lehrer auch nicht genannt werden. Die Zeichnungen dienen nicht zur Bildbeschreibung im traditionellen Sinne, jedenfalls nicht in den ersten zwei Dritteln des Buches (Lektionen 1–15). So sind beispielsweise die in der ersten Lektion gezeigten Gebäude (Frauenkirche in München, Kölner Dom und Funkturm in Berlin) nicht Gegenstand des Textes. Ihre Funktion ergibt sich im Zusammenhang mit der im Bild gezeigten Karte der Bundesrepublik und der DDR und mit der vom Lehrer immer wieder während des Unterrichts herangezogenen Deutschland- bzw. Europakarte. Für den Fall, daß der

Unterricht ohne jegliche Einführung angefangen hat (siehe S. 20 Die erste Unterrichtsstunde – Der Einstieg), ist mit der Frage zu rechnen, was die Grenze auf dem Dia zu bedeuten hat. In diesem Falle wird muttersprachlich erklärt, daß es sich um die beiden wichtigsten deutschsprachigen Länder, nämlich die Bundesrepublik Deutschland und die Deutsche Demokratische Republik, handelt.

Die Tests

Für die nach jeweils vier Lektionen eingeschobenen Tests, die schriftlich zu machen sind, haben wir eine modifizierte Form des *multiple choice* Verfahrens gewählt, die zwar die Vorteile dieses Testverfahrens beibehält, seine offensichtlichen Nachteile aber vermeidet. Der Schüler wird nicht, wie das sonst bei *multiple choice tests* üblich ist, mit falschen Formen oder falschen Sätzen (Distraktoren) konfrontiert, sondern hat durch das richtige Einsetzen der vorgegebenen Formen zu zeigen, daß er die Morphologie beherrscht. Für die zentrale Auswertung empfiehlt es sich, die Schüler die Zahlen nicht ins Buch schreiben zu lassen, sondern auf ein Blatt Papier, das mit dem Namen des Schülers versehen ist. Der Lehrer kann dann anhand der richtigen Zahlenfolge, die an den entsprechenden Stellen im Lehrerheft abgedruckt ist, schnell prüfen, bzw. auch von einer Hilfskraft prüfen lassen (Deutschkenntnisse sind dazu ja nicht erforderlich), welche Fehler der einzelne Schüler gemacht hat, und ob Fehler aus einem bestimmten grammatischen Bereich massiert auftreten. Anschließend wird den Schülern einzeln gesagt, welche Übungen sie noch einmal durchmachen sollen, bzw. es werden diejenigen Kapitel, die allgemein Schwierigkeiten bereiten, in der Klasse noch einmal nachgearbeitet.

Auch die Tests sind kontextbezogen und insofern lehrbuchabhängig, als der Schüler die Form einsetzen soll, die er im Textzusammenhang gelernt hat. In Test 2, A.a. lautet beispielsweise die Vorgabe: *Nein danke, ich trinke ...* *Apfelsaft.* Erwartet wird der Satz *Nein danke, ich trinke* keinen *Apfelsaft,* also die Zahl 6 für die Leerstelle. Denkbar wäre natürlich auch die Antwort *Nein danke, ich trinke* einen *Apfelsaft,* wenn man sich als weitere Vorgabe etwa die Frage *Möchten Sie einen Rotwein?* hinzudenkt. Nach unserem System soll der Schüler jedoch ausschließlich nach der gedruckten Vorgabe arbeiten. Mehrere Möglichkeiten (grammatisch) richtiger Lösungen gibt es beim Einsetzen von Pronomen, z. B. in Test 2, E.a., wo der Satz drei Fassungen haben könnte, nämlich 1. *Fräulein Heim, wo ist* mein *Ticket?* (Diese Lösung ist laut Text verlangt), 2. *Fräulein Heim, wo ist* sein *Ticket?* und 3. *Fräulein Heim, wo ist* Ihr *Ticket?* Bei bestimmten Ausgangssprachen wäre die Fassung 2 (... *wo ist* sein *Ticket*) ein typischer Interferenzfehler, obwohl in anderem, hier nicht gegebenen Kontext richtig. Die Schüler sollen bei den Tests nicht aufgefordert werden, alle Möglichkeiten grammatisch zu konstruieren, sondern es handelt sich darum, sie spontan zum Hinschreiben der Form zu veranlassen, die ihnen im jeweiligen Textzusammenhang (besser: Mini-Kontext) geläufig ist. In den Schlüsseln zu den Tests, die hier im Lehrerheft jeweils im Anschluß an die betreffende Lektion stehen, ist auf weitere, grammatisch richtige, aber nicht verlangte Lösungen hingewiesen. Es empfiehlt sich, massiert auftretende Abweichungen von der verlangten Norm zu analysieren, um festzustellen, ob bewußte grammatische Konstruktion oder Interferenz vorliegt.

Der Abschlußerfolgstest zu Band 1 findet sich nicht im Lehrbuch. Er wird getrennt auf vorgedruckten Frage- und Antwortbogen mit Korrekturschablone geliefert und eignet sich sowohl für rasche manuelle als auch maschinelle Auswertung. Dieser Test, der den gesamten Stoff der ersten Unterrichtsstufe abtestet, ist nur vom Stoff, nicht aber von der Form her lehrbuchbezogen. Er greift weder auf den Motivationswortschatz noch auf Kontexte des Buches zurück und kann infolgedessen unabhängig als Einstufungstest für die zweite Unterrichtsstufe verwendet werden.

Tonband, Schallplatte und Ausspracheschulung

Deutsch 2000 hat weder einen phonetischen Vorkurs noch besondere Übungen zur Aussprache, da wir die unnatürliche Häufung von Ausspracheschwierigkeiten nicht für ein geeignetes Verfahren halten. Sie ist im übrigen bei Adressaten mit verschiedenen Ausgangssprachen besonders problematisch und wirkt in einer Methode, die auf ein möglichst natürliches Unterrichtsgespräch abzielt, nur störend. Die richtige Aussprache wird in der Nachsprechphase durch ständige Korrektur erreicht. Dabei steht die Intonation im Vordergrund. Die richtige Aussprache schwieriger Phoneme wird am besten bei nur leicht verzögertem Sprechtempo erreicht. Das übertriebene Vorsprechen einzelner Laute in abgehackter Sprechweise ist zu vermeiden.

18

Die Schüler sollen sich von Anfang an daran gewöhnen, daß Tonband, Schallplatte und Tonbandcassette wichtige Bestandteile des Unterrichtsmaterials sind. Wir bezeichnen die Tonträger zwar als fakultatives Schülermaterial, weil sie aus vielen Gründen nicht zwingend vorgeschrieben werden können, aber der Lehrer sollte, wenn die Umstände es zulassen, doch darauf dringen, daß sich die Schüler in häuslicher Arbeit auch mit Sprech- und Hörübungen befassen. Allein das Mitlesen des Textes im Buch bei laufendem Tonband oder laufender Schallplatte ist eine wichtige Übung, die im Unterricht aus Zeitgründen nicht mit der Intensität betrieben werden kann, die wünschenswert ist.

Bei den Tonband- und Schallplattenaufnahmen wurde darauf geachtet, von Anfang an eine natürliche Intonation zu bringen, die nur im Zusammenhang mit einem halbwegs natürlichen Sprechtempo erzielt werden kann. Im weiteren Verlauf der Lektionen werden dann die Dialogrollen bis zur völlig normalen Intonation und Sprechgeschwindigkeit herausgearbeitet. Auf diese Weise wird von Anfang an das Hörverständnis geschult, und es bleibt dem Schüler der Schock erspart, den er normalerweise erleidet, wenn er feststellen muß, daß sein erster deutschsprechender Gesprächspartner ganz anders spricht, als er es in der Klasse gelernt hat. Dieses Verfahren muß allerdings vom Lehrer in der Form unterstützt werden, daß er im Unterrichtsgespräch bei sich selbst auf sprechüblichen Tonfall achtet.

Arbeitsbuch, Grammatische Beihefte und Glossare

Zum Zusatzmaterial gehören neben den bereits besprochenen Tonträgern ein einsprachiges Arbeitsbuch, die Grammatischen Beihefte sowie zweisprachige Satzglossare mit allen Vokabeln des Lehrbuchs.

Das Arbeitsbuch

Das Arbeitsbuch bietet in der Lektionseinteilung des Lehrbuches zusätzliche mündliche und schriftliche Übungsmöglichkeiten. Ausgangspunkt sind Kurztexte, die sich inhaltlich an die Lektionen des Lehrbuches anlehnen, sich jedoch in der Form von ihnen unterscheiden. (Dialogtexte werden zu Erzähltexten umgewandelt und umgekehrt.) Der Schüler wird also veranlaßt, die gelernten Strukturen auf einen anderen Texttyp und auf andere Situationen zu transferieren. In den späteren Lektionen geschieht das dadurch, daß der thematischen Aussage des Lektionstextes ein Text mit konträrem Standpunkt gegenübergestellt wird, so daß sich aus dem Vergleich der gegensätzlichen Aussagen eine Diskussion entwickeln kann.

Die Arbeit mit dem Bild wird weitergeführt, zum Teil durch Zusammenstellung bereits bekannter Bilder zu neuen Sequenzen, zum Teil auch durch neue und ergänzende Zeichnungen. Dadurch ist gewährleistet, daß vor allem während der Phase der audio-visuellen Einführung kein Bruch in den verschiedenen Arbeitsweisen mit Lehrbuch und Arbeitsbuch entsteht. Zusätzlich zu den Zeichnungen bringt das Arbeitsbuch Anzeigentexte, Fotografien und Collagen, deren Texte dem Leseverständnis dienen und die in ihrer Konzeption zum zweiten Band des Lehrbuchs überleiten. Besonders diese Teile des Arbeitsbuches eignen sich für den Klassenunterricht, während die intensive Beschäftigung mit den mündlichen und schriftlichen Übungen der häuslichen Arbeit vorbehalten sein sollte.

Die Grammatischen Beihefte

Die Grammatischen Beihefte, die für alle wichtigen Ausgangssprachen erarbeitet werden, erfüllen zwei Funktionen:

a) Sie fassen den grammatischen Stoff der ersten und zweiten Lernstufe (Band 1 und Band 2) systematisch zusammen und erlauben damit eine Übersicht über die gesamte elementare Morphologie des Deutschen;

b) sie geben in der Muttersprache der Schüler Hinweise zum Gebrauch der einzelnen Formen, die unter kontrastiven Gesichtspunkten formuliert wurden. Dadurch werden unnötige Regeln vermieden. Wo in der Ziel- und Ausgangssprache gleicher Gebrauch vorliegt, wird diese Tatsache nur kurz ohne weitere Beispiele vermerkt.

Ebenso wie das Arbeitsbuch sind die Grammatischen Beihefte vorwiegend für die häusliche Arbeit des Schülers gedacht. Sie sollten aber auch punktuell im Klassenunterricht herangezogen werden, und zwar dann, wenn generelle Schwierigkeiten behandelt werden, die sich aus Interferenzerscheinungen ergeben. Aus der Arbeit mit den Grammatischen Beiheften sollten sich allerdings ebensowenig „Grammatikstunden" ergeben wie aus der Behandlung der grammatischen Übersichten im Schülerbuch. Die Grammatik ist grundsätzlich funktional und darf deshalb niemals Selbstzweck werden. Aus diesem Grunde wurde auch die herkömmliche lateinische Terminologie gewählt, die sich, so unzulänglich sie auch sein mag, immer noch am besten zum Vergleich mit anderen Sprachen eignet.

Die Glossare

Die zweisprachigen Vokabelverzeichnisse sind als Satzglossare aufgebaut, die anhand der idiomatischen Übersetzung den unterschiedlichen Gebrauch der Strukturen in der Ziel- und Ausgangssprache deutlich machen. Dadurch wird der Schüler von vornherein auf die Gefahr falscher Analogiebildung aufmerksam und gewöhnt sich daran, Kollokationen und idiomatische Ausdrücke im Zusammenhang zu lernen. Nur dort, wo es keinen unterschiedlichen Gebrauch bzw. keine Doppeldeutigkeit gibt, wird die einfache Wort-für-Wort-Gleichung benutzt. Im folgenden sind je zwei Probeseiten aus dem Arbeitsbuch, der englischen Fassung des Grammatischen Beiheftes und dem deutsch-englischen Glossar abgedruckt.

Lektion 6

1. *Lesen Sie laut*

Herr Kaufmann ist Journalist. Er reist oft ins Ausland. Er fliegt oft nach England und Amerika. New York und London kennt er sehr gut. Aber heute ist er in Stuttgart, und Stuttgart kennt er nicht gut. Er möchte zum Fernsehstudio. Zuerst fährt er zum Hauptbahnhof. Dann fährt er zum Marktplatz und zum Rathaus. Dort fragt er einen Herrn, wie man zum Fernstehstudio kommt.

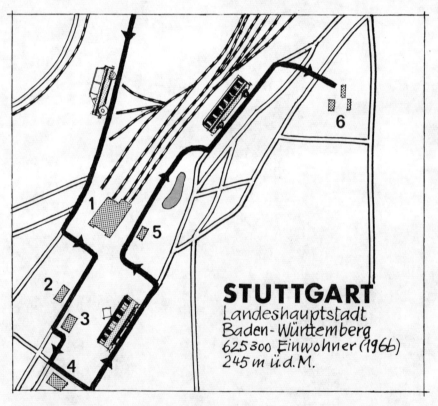

1 Hauptbahnhof, 2 Hauptpostamt, 3 Schloßplatz, 4 Marktplatz, 5 Omnibusbahnhof, 6 Fernsehstudio

Probeseite aus dem Arbeitsbuch

2. Wie fährt Herr Kaufmann in Stuttgart?

a. zum Marktplatz
   Zuerst fährt er immer ... . Dann fährt er nach ... zum Schloßplatz.
   Von da ist der Marktplatz nicht mehr ... .

b. zum Fernsehstudio
   Am Marktplatz nimmt Herr Kaufmann ... . Die hält am ... .
   Dort nimmt er ... ... und fährt zum ... .

3. *Setzen Sie ein:* fährt, hält, ißt, nimmt, sieht

a. Der Quizmaster sagt:
   Nehmen Sie bitte Platz.   – Herr Fischer ... Platz.

b. Der Student aus Nigeria sagt:
   Fahren Sie zuerst zum Haupt-   – Herr Kaufmann ... zum Hauptbahnhof.   bahnhof.

c. Der Herr sagt:
   Die Straßenbahn und der Bus   Aber er kennt Stuttgart nicht gut.
   halten am Rathaus.   – Nur der Bus ... am Rathaus.

d. Sehen Sie die Kirche?   – Von dort ... man das Rathaus
                                                und den Marktplatz.

e. Herr Schneider fragt:
   Was essen Sie?   – Ich esse ein Beefsteak und Herr
                                                Neumann ... einen Kalbsbraten.

4. *Jetzt antworten Sie*

a. Wohin möchten Sie?   – ... ... Marktplatz.
b. Wo wohnen Sie?   – ... ... Schloßplatz.
c. Wohin fahren Sie?   – ... ... Fernsehturm.
d. Wohin gehen Sie?   – ... ... Studio.

5. der, das, die

a. Entschuldigung, wo sitzt Herr Schneider? – ... sitzt dahinten am Fen-
   ster.
b. Bitte, wohin fährt der Bus? – ... fährt zum Rathaus.
c. Entschuldigen Sie, kennen Sie Fräulein Schaumann? – Tut mir leid, ...
   kenne ich nicht.

THE VERB

1. Present Tense (I, 1, 2, 3, 4, 11, 12)

a. Forms

wohnen:	ich	wohne	arbeiten:	ich	arbeite
	du	wohnst		du	arbeitest
	er/sie	wohnt		er/sie	arbeitet
	wir (sie/Sie)	wohnen		wir (sie/Sie)	arbeiten
	ihr	wohnt		ihr	arbeitet

(1) The infinitive ends in **-en** or **-n**:

wohn**en**, arbeit**en**, sammel**n**

The infinitive form is also the verb form for first and third person plural (we and they) and for the polite form of the second person (you) in singular and plural:

Wir wohnen in Köln.
Die Kinder (sie) spielen Fußball.
Wo **arbeiten Sie**, Herr Meyer?
Woher **kommen Sie**, meine Herren?

The stem of the verb is the infinitive with the -en or -n ending omitted.

(2) With verbs, whose stem ends in **-d**, **-t** or in **-m**, **-n** (preceded by a consonant other than **l**, **r** or **h**), the usual endings of **-st** and **-t** cannot be pronounced. Therefore an **-e** appears between the stem and the ending:

arbeiten:	du arbeit**est**, er arbeit**et**, ihr arbeit**et**
finden:	du find**est**, er find**et**, ihr find**et**
atmen:	er atm**et**
regnen:	es regn**et**
rechnen:	du rechn**est**, er rechn**et**, ihr rechn**et**

however:

lernen:	du lern**st**, er lern**t**, ihr lern**t**
wohnen:	du wohn**st**, er wohn**t**, ihr wohn**t**

Probeseite aus dem Grammatischen Beiheft (englische Fassung)

(3) With verb stems ending in **-eln**, the **-e-** is dropped in the first person singular (ich):

klingeln: ich kling**le**
sammeln: ich samm**le**

(4) With verb stems ending in **-s (ß)** and **-z**, only **-t** instead of **-st** is added in the second person singular (du):

reisen: du reis**t**
heißen: du heiß**t**
besitzen: du besitz**t**

b. The use of the present tense

The present tense designates

(a) the present condition:

Er wohnt in Köln.
Er ist krank.

(aa) a present act (the -ing form in English):

Er arbeitet jetzt nicht. – He's not working now.

(aaa) a presently continuing condition (the do or does form in English)

Wo wohnt er?   – Where does he live?
Wo arbeitet er?   – Where does he work?
Er arbeitet nicht viel. – He doesn't work much.

(b) a continuous action beginning in the past (note that in English the perfect tense is used here):

Er wohnt schon seit drei Jahren in Köln.
Er ist seit einer Woche krank.

(c) an action in the future, when used in connection with adverbs of time like *in einer Stunde, nachher, morgen, nächsten Monat, nächstes Jahr,* etc.:

Morgen fliege ich nach Köln.
Nächstes Jahr verbringe ich meinen Urlaub in Griechenland.
Heute abend gehe ich ins Kino.

Entschuldigen Sie, bitte . . .	Excuse me, please . . .
Wie komme ich zum Marktplatz?	How do I get to the market square?
der Marktplatz, die Marktplätze	market square
Ich kenne Stuttgart nicht gut.	I don't know Stuttgart well.
kennen	to know
Ich nehme immer den Bus.	I always take the bus.
der Bus, die Busse	bus
Ich nehme den Bus. Der hält dahinten.	I take the bus. It stops behind there.
halten	to stop
Warten Sie mal.	Just wait.
der Fernsehturm, die Fernsehtürme	Television Tower
Fahren Sie in diese Richtung.	Drive in that direction.
der Hauptbahnhof	main railway station
der Bahnhof, die Bahnhöfe	railway station
Fragen Sie da nochmal.	Ask again there.
Entschuldigung!	Excuse me!
Zum Marktplatz? Den kenne ich nicht.	To the market square? I don't know it.
Ich bin nicht von hier.	I'm not from here.
Einen Augenblick, ich frage mal.	One moment, let me ask.
Wie kommt man zum Marktplatz?	How do you get to the market square?
die Straßenbahn, die Straßenbahnen	tram
Nehmen Sie die Straßenbahn. Die fährt zum Hauptpostamt.	Take the tram. It goes to the General Post Office.
fahren	go, drive
das Hauptpostamt	General Post Office
das Postamt, die Postämter	Post Office
Von da ist der Marktplatz nicht mehr weit.	From there the market square is not far.
Das ist ganz einfach.	That's quite simple.
Sie fahren immer geradeaus.	You go straight ahead.
Dann nach links zum Schloßplatz.	Then turn left to the Castle Square
der Schloßplatz	Castle Square (or: courtyard)
nach rechts	to the right
die Kirche, die Kirchen	church
Von dort sieht man das Rathaus.	From there you can see the Town Hall.
sehen	to see

das Rathaus, die Rathäuser	Town Hall
die Stadt, die Städte	town
Nigeria	Nigeria
Aha!	Aha!

Lektion 7

Mein Wagen ist kaputt.	My car's broken down.
der Wagen, die Wagen	car
Er ist ärgerlich.	He's annoyed.
Er hat es eilig.	He's in a hurry.
sein Wagen	his car
Er geht zu Fuß ins Büro.	He walks to the office.
zu Fuß gehen	to walk, go on foot
das Büro, die Büros	office
Seine Sekretärin schreibt gerade einen Brief.	His secretary is just writing a letter.
die Sekretärin, die Sekretärinnen	secretary
der Brief, die Briefe	letter
schreiben	to write
Guten Morgen, Fräulein Heim.	Good morning, Miss Heim.
Wann geht mein Flugzeug?	When does my plane go?
das Flugzeug, die Flugzeuge	aeroplane
Ich sehe nach.	I'll have a look.
nachsehen	to look up, check
Die Maschine geht um 9 Uhr 30.	The plane takes off at 9.30.
die Maschine, die Maschinen	machine (often used for aeroplane)
Meine Uhr steht.	My watch has stopped.
die Uhr, die Uhren	watch, clock
Sie sieht auf ihre Uhr.	She looks at her watch.
Ich habe noch eine Viertelstunde Zeit.	I've still got a quarter of an hour.
die Viertelstunde	quarter of an hour
die Stunde, die Stunden	hour
die Zeit	time
das Taxi, die Taxis	taxi
der Flughafen, die Flughäfen	airport
Sie ruft die Taxizentrale an.	She phones the taxi rank.
anrufen	to ring up, phone
die Taxizentrale, die Taxizentralen	(central) taxi rank, office

Die erste Unterrichtsstunde – Der Einstieg

Mehr als in anderen Unterrichtsfächern entscheidet im Sprachunterricht die erste Stunde über Erfolg oder Mißerfolg. Sie muß deshalb wesentlich dazu benutzt werden, Neugier zu wecken, Motivationen aufzubauen oder vorhandene Motivationen zu verstärken. Der Einstieg in den Deutschunterricht sollte deshalb unter Berücksichtigung des Alters und der Vorbildung der Schüler (vor allem auch ihrer geographischen Kenntnisse) sorgfältig geplant werden. In der ersten Stunde ahnt der Schüler bereits, ob die deutsche Sprache für ihn leicht oder schwer sein wird. Diese Überlegung, die keineswegs ausschließlich von schwach motivierten Schülern angestellt wird, sollte in jedem Falle überdeckt werden von dem Gefühl, daß der Deutschunterricht ganz einfach interessant zu werden verspricht.

Der im folgenden skizzierte Ablauf einer ersten Deutschstunde könnte typisch sein für eine echte Anfängerklasse ohne fundierte geographische Kenntnisse oder in größerer Entfernung von Deutschland. Er muß bei heterogenen Adressatengruppen (Unterricht im Inland) entsprechend modifiziert werden, wobei jedoch die Beschäftigung mit der Landkarte als Kern der Einführung beibehalten wird.

Lehrer (in der Muttersprache der Schüler): *Sie sehen, ich habe Ihnen ein Tonbandgerät und einen Diaprojektor mitgebracht, mit denen wir von nun an in jeder Unterrichtsstunde arbeiten werden. Bevor wir anfangen, wollen wir uns aber ein paar Minuten über die Länder unterhalten, in denen Deutsch gesprochen wird. Wer kennt sie? Es sind die Bundesrepublik Deutschland, die Deutsche Demokratische Republik, Österreich und die Schweiz. Zeigen Sie mir diese Länder auf der Europakarte. Übrigens, in der Schweiz ist Deutsch nur eine der vier offiziellen Landessprachen neben Französisch, Italienisch und Rätoromanisch. Es gibt noch ein anderes, allerdings sehr kleines Land in Westeuropa, in dem Deutsch ebenfalls eine der offiziellen Sprachen ist, nämlich Luxemburg. Deutsch wird auch in einer Provinz Italiens gesprochen, in Südtirol, neben Italienisch, und in einem Teil Frankreichs, nämlich im Elsaß. Und jetzt wollen wir einmal sehen, wie viele Menschen Deutsch als Muttersprache sprechen. In der Bundesrepublik Deutschland sind es 62,5 Millionen, in der Deutschen Demokratischen Republik 17 Millionen, in Österreich 7 Millionen und in der Schweiz über 5,5 Millionen, zusammen also 92 Millionen Menschen. Daneben gibt es noch viele kleinere Gebiete auf der Welt, in denen neben der Nationalsprache auch Deutsch gesprochen oder verstanden wird. (Rumänien,*

Südafrika, Lateinamerika, Südtirol, USA, etc. Hier sollten Länder bzw. Gebiete genannt werden, die für den Schüler einen Motivationswert haben, also auch Sprachenklaven.) *Sie haben sicher alle schon einmal gehört, wie die deutsche Sprache klingt. Trotzdem will ich Ihnen einen kurzen Text vom Tonband spielen, hören Sie bitte zu.* (Der Lehrer spielt jetzt die Einführung vor, die sich auf dem Tonband vor Lektion 1 befindet.) *Ich nehme an, daß viele von Ihnen diesen Text kennen. Sie haben ihn nur nicht verstanden. Das war nämlich ein Stück aus dem Märchen* Rotkäppchen *auf deutsch.*

So, und jetzt wollen wir uns mit der Sprache befassen, die Sie gerade gehört haben. Sie haben ein Lehrbuch, das Deutsch 2000 *heißt. Sprechen Sie einmal nach: Deutsch zweitausend* (der Lehrer läßt den Titel *Deutsch 2000* mehrfach nachsprechen). *Deutsch 2000 bedeutet übrigens nicht nur, daß es sich um ein modernes Lehrbuch handelt, gewissermaßen eins für das Jahr 2000, sondern auch, daß Sie mit den drei Bänden, die dieses Lehrbuch hat, die 2000 wichtigsten Wörter der deutschen Sprache so lernen, daß Sie absolut sicher damit umgehen können. 2000 Wörter sind eine ganze Menge, wenn Sie bedenken, daß Sie im täglichen Umgang nicht mehr als etwa 1000 gebrauchen.*

Diese oder eine ähnliche, nach den Gegebenheiten modifizierte Einführung sollte in jedem Falle kurz bleiben. Sie darf keinesfalls in eine landeskundliche Vorlesung des Lehrers ausarten.

Die Lektionen 1–8 mit Schlüssel

Lektion 1

Material: Europakarte, Dias und Tonband zu Lektion 1, Zeigestock (besser: Lichtpfeil).

Wir skizzieren im folgenden die Arbeit mit Lektion 1, die in ihrem Phasenablauf für die Lektionen 1–8 typisch ist. Folgende Zeichen und Abkürzungen werden im Lauf der Erläuterungen immer wieder verwendet:

1. Fettgedruckte Sätze (**Bitte, sprechen Sie nach!**) bedeuten, daß diese Anweisung an dieser Stelle einzuführen ist.

2. *Kursiv gedruckt* sind strukturkontrollierte Sätze, die der Lehrer in der Erschließungsphase so verwenden kann, wie sie im Lehrerheft stehen.

3. G bedeutet Geste des Lehrers.

4. Ü bedeutet Übersetzung in die Ausgangssprache.

5. Das Zeichen ⟶ bedeutet: Lehrer zeigt oder zeigt auf ...
   (⟶ Schülerin: Lehrer zeigt auf eine Schülerin.)

6. LK bedeutet Landkarte.

Erster Schritt:
Präsentation von L 1
Dias und Tonband vollständig vorführen. Die Schüler sehen sich die Dias an und hören zu.

Zweiter Schritt:
Zweiter Durchgang – Nachsprechphase
Bitte, sprechen Sie nach! (G/Ü) Das Tonband wird nach jedem Satz gestoppt, der Lehrer spricht noch einmal vor und läßt die Schüler einzeln so lange wiederholen, bis die Aussprache einigermaßen befriedigend ist.
Bitte, wiederholen Sie!

Dritter Schritt:
Dritter Durchgang – Erschließungsphase
Jedes Bild bleibt längere Zeit stehen, der Lehrer zeigt auf die dargestellte Person, bzw. auf die Landkarte und wiederholt selbst bzw. läßt wiederholen.

Das ist Herr Weiß. Er wohnt in München.	Dia LK → Schüler: *Das ist Herr Johnson* (*López, Leblanc*, etc.). *Er wohnt in New York* (*Madrid, Paris*, etc.)
Wer ist das? Das ist Fräulein Heim.	Dia → Schülerin: *Wer ist das? Das ist Fräulein López, Leblanc*, etc. *Sie wohnt in New York, Paris*, etc.
Das ist Fräulein Heim. Sie wohnt in Köln.	Dia LK
Und wer ist das? Das ist Frau Berg. Sie wohnt in Berlin.	Dia LK
Das ist Herr Weiß. Er ist Student.	Dia → Schüler: *Das ist Herr ... Er ist Student. Er studiert in ...* (Unterrichtsort nennen) Dieselbe Übung mit dem Wort *Studentin,* das nicht im Text vorkommt, analog zu *Verkäuferin* aber leicht zu verstehen ist.
Das ist Herr Weiß. Er studiert in München.	Dia LK
Das ist Fräulein Heim. Sie ist Sekretärin. Sie arbeitet in Köln.	Dia G (Maschine schreiben) + Ü, falls nötig. LK
Das ist Frau Berg. Sie ist Verkäuferin. Sie arbeitet in Berlin.	Dia Dia + Ü, falls nötig. LK
Ist das Herr Weiß? Ja, das ist Herr Weiß.	Dia → Schüler: *Ist das Herr Johnson,*

31

Herr López? etc. *Ja, das ist Herr Johnson, Herr López,* etc. *Was ist er? Er ist Student.*

Ist das Herr Weiß?
Ja, das ist Herr Weiß.

Dia

Was ist er?
Er ist Student.

→ Schülerin: *Ist das Fräulein …?*
Ja, … sie ist Studentin.

Wo wohnt er?
Er wohnt in München.

Dia
LK *Das ist München.*
→ Schüler: *Wo wohnt er? Er wohnt in …* (Unterrichtsort)

Ist das Fräulein Heim?
Ja, das ist Fräulein Heim.

Dia
→ Schülerin: *Ist das Fräulein …?*
Ja, das ist Fräulein …

Was ist sie?
Sie ist Sekretärin.

→ Schülerin: *Was ist sie?*
Sie ist Studentin.

Wo wohnt sie?
Sie wohnt in Köln.

Dia
→ Schülerin: *Ist das Fräulein …?*
Ja, das ist Fräulein … Wo wohnt sie?
Sie wohnt in …

Ist das Fräulein Heim?
Nein, das ist Frau Berg.

Dia
Dia + G (Kopfschütteln)
→ Schülerin: *Ist das Fräulein Heim?*
Nein, das ist Fräulein …

Ist das Fräulein Heim?
Nein, das ist Frau Berg.

Dia
G

Ist sie Sekretärin?
Nein, sie ist Verkäuferin.

Dia
G

Wohnt sie in Köln?
Nein, sie wohnt in Berlin.

Dia
Dia
→ Schülerin: *Wohnt sie in Köln?*
Nein, sie wohnt in … (Unterrichtsort nennen)

Vierter Schritt:
Vierter Durchgang, Dias ohne Ton
Die Schüler sprechen den Text aus dem Gedächtnis. Der Lehrer wendet jetzt alle Frage- und Antwortmöglichkeiten an, wobei immer die Schüler einbezogen werden. Regieanweisung: **Bitte, antworten Sie!** Anhand der Landkarte wird die Struktur *das ist* übertragen auf die Städtenamen: *Das ist München. Das ist Köln. Ist das München? Nein, das ist Berlin,* etc.

Fünfter Schritt:
Konfrontation mit dem Schriftbild
Schlagen Sie die Bücher auf! Lektion 1 (G + Ü, falls nötig.)
Das Tonband läuft ohne Dias. Die Schüler lesen mit.

Sechster Schritt:
Bitte, lesen Sie! (G + Ü)
Die Schüler lesen den Text von Lektion 1 satzweise unter ständiger Korrektur.

Siebter Schritt:
Bei geschlossenen Büchern, lediglich unter Zuhilfenahme der Landkarte, werden die erarbeiteten Strukturen noch einmal in der Anwendung auf einzelne Schüler und den Unterrichtsort geübt. Wieweit dabei neben den Personalpronomen die Namen der Schüler herangezogen werden, muß der Lehrer aufgrund der Ausgangssprache entscheiden. Das phonetische Element des Namens in einem deutschen Satz kann sich nämlich als sehr störend erweisen. Im Anschluß verweist der Lehrer auf die Bilder 1, 2 und 3 im Bildanhang. Benutzt wird die Struktur: *Das ist München,* die auch auf die Begriffe die *Bundesrepublik* und die *Deutsche Demokratische Republik* angewendet wird. Beide Begriffe an die Tafel schreiben, aber nicht damit üben.

Es folgt Lektion 1 der *Sprechübungen,* entweder in der Klasse (Bandwechsel!) oder im Sprachlabor. Die Übungen des C-Teils im Buch dienen abschließend zur Kontrolle.

Schlüssel 1 C

1. **a.** Das ist Herr Weiß. **b.** Das ist Frau Berg. **c.** Das ist Fräulein Heim.

2. **a.** Er ist Student. **b.** Sie ist Verkäuferin. **c.** Sie ist Sekretärin.

3. a. Herr Weiß ist Student. **b.** Frau Berg ist Verkäuferin. **c.** Fräulein Heim ist Sekretärin.

4. a. Fräulein Heim arbeitet in Köln. **b.** Frau Berg wohnt in Berlin. **c.** Herr Weiß studiert in München.

5. a. Sie arbeitet in Köln. **b.** Sie wohnt in Berlin. **c.** Er studiert in München.

6. a. Ja, er ist Student. **b.** Ja, er studiert in München. **c.** Ja, sie ist Verkäuferin. **d.** Ja, sie wohnt in Berlin. **e.** Ja, sie ist Sekretärin. **f.** Ja, sie arbeitet in Köln.

7. a. Nein, sie ist Sekretärin. **b.** Nein, sie arbeitet in Köln. **c.** Nein, sie ist Verkäuferin. **d.** Nein, sie wohnt in Berlin. **e.** Nein, er studiert in München.

8. a. Herr Weiß ist Student. Er wohnt in München. Er studiert in München. **b.** Frau Berg ist Verkäuferin. Sie arbeitet in Berlin. **c.** Fräulein Heim ist Sekretärin. Sie arbeitet in Köln.
Bei den ersten Fragen sind folgende drei Antworten möglich: 1. Herr Weiß ist Student. 2. Er ist Student. 3. Student.

9. a. Er studiert in München. **b.** Sie arbeitet in Köln. **c.** Nein, sie arbeitet in Berlin. **d.** Ja, sie wohnt in Köln.

Lektion 2

Phasenablauf wie bei L 1. Wir gehen im folgenden nur noch auf besondere Schwierigkeiten ein, ohne den vollständigen Ablauf der Lektion darzustellen.

Im Studio	Die Struktur wird nicht erläutert. Sie ergibt sich bei L 3.
Er/sie heißt.	Struktur wiederum unter Einbeziehung der Schüler erläutern. *Das ist Herr ... Er heißt ...*
Guten Abend, meine Damen und Herren.	G an die Klasse.
Sie sehen das Quiz: Was sind Sie?	Der Originaltitel des Quiz lautet in Deutschland: Was bin ich? – Heiteres Beruferaten (Produziert vom

Und woher sind Sie? Aus München?
Ja, aber ich wohne in Berlin.

Ich arbeite in München, aber ich wohne in Augsburg.

Ich heiße Michael Weiß und bin Student.

Es geht los.

Bayerischen Fernsehen, ausgestrahlt vom Ersten Deutschen Fernsehen).
Ü falls nötig.
Gegensatz am Schüler klarmachen.
Er ist aus Belgrad, aber er wohnt in Köln.
LK und Beispiel des Lehrers: *Ich wohne in ..., aber ich arbeite in ...,* bzw. auch *Ich wohne in ... und arbeite in ...*
Wie heißen Sie? Mein Name ist ... Ich heiße ... als Frage- und Antwortspiel durchdrillen.
Studentin wie in L 1.
Ü

Bei den Übungen ist immer wieder darauf zu achten, daß auch die Fragen (Vorgaben) vollständig mitgesprochen werden, so daß sich Frage und Antwort ergibt, die jeweils von zwei verschiedenen Schülern zu sprechen sind. Die Übungen 8 und 11 können jeweils von drei Schülern gesprochen werden.

Schlüssel 2 C

1. **a.** Ja, ich bin Verkäuferin. **b.** Ja, ich bin Sekretärin. **c.** Ja, ich bin Student. **d.** Ja, ich bin Reporter.

2. **a.** Nein, ich bin Verkäuferin. **b.** Nein, ich bin Student. **c.** Nein, ich bin Sekretärin. **d.** Nein, ich bin Reporter.

3. **a.** Ich bin Student. **b.** Ich bin Verkäuferin. **c.** Ich bin Sekretärin. **d.** Ich bin Reporter.

4. **a.** Nein, ich bin aus Hamburg. **b.** Nein, ich bin aus München. **c.** Nein, ich bin aus Augsburg. **d.** Nein, ich bin aus Köln.

5. **a.** Nein, ich wohne in Berlin. **b.** Nein, ich arbeite in München. **c.** Nein, ich wohne in Augsburg. **d.** Nein, ich studiere in München.

6. **a.** Ja, ich bin aus München. **b.** Ja, ich bin aus Köln. **c.** Ja, ich bin aus Hamburg. **d.** Ja, ich bin aus Augsburg.

7. **a.** Ich wohne in Augsburg. **b.** Ich arbeite in Köln. **c.** Ich studiere in München. **d.** Ich arbeite in Berlin.

8. **a.** Er heißt Hans-Peter Sommerfeld. **b.** Sie heißt Karin Schaumann. **c.** Er heißt Michael Weiß. **d.** Er heißt Karl Zinn. **e.** Sie heißt Ingrid Heim. **f.** Sie heißt Monika Berg.

9. **a.** Herr Weiß ist aus Hamburg, aber er studiert in München. **b.** Frau Berg ist aus München, aber sie wohnt in Berlin. **c.** Ich bin aus Köln, aber ich arbeite in Hamburg.

10. **a.** Er studiert in München. **b.** Es ist in München. **c.** Es ist im Studio. **d.** Er wohnt in Augsburg. **e.** Sie arbeitet im Studio. **f.** Sie wohnt in Köln. **g.** Sie arbeitet in Berlin.

11. **a.** Der Quizmaster Hans-Peter Sommerfeld ist aus Berlin. **b.** Der Student Michael Weiß ist aus Hamburg. **c.** Der Reporter Karl Zinn ist aus Augsburg. **d.** Die Sekretärin Ingrid Heim ist aus Köln. **e.** Die Verkäuferin Monika Berg ist aus Berlin. **f.** Die Ansagerin Karin Schaumann ist aus München.

12. **a.** der Quizmaster **b.** die Ansagerin **c.** der Student **d.** der Reporter **e.** die Sekretärin **f.** die Verkäuferin

Lektion 3

Das Spiel beginnt.	*Das Quiz beginnt.*
Er ruft.	G (Hand am Mund)
Herr Fischer kommt ins Studio.	Gegensatz am Dia herausarbeiten. *Der Quizmaster ist im Studio. Herr Fischer kommt ins Studio.*
Zuerst fragen die Damen und dann die Herren.	Im Zusammenhang damit:
Reisen Sie viel?	**Bitte, antworten Sie!** (auch schon L1) Reisen: *Herr Zinn ist Reporter. Er reist viel. Er reist* (LK) *nach Berlin. Er reist nach Köln,* etc.
Reisen Sie allein?	Ü oder Strichzeichnung an der Tafel. Angedeuteter D-Zug-Wagen. Strichmänchen. *Er reist allein.* Ein zweiter mit mehreren Strichmännchen. *Er reist nicht allein.*

Sind Sie oft im Ausland?

Fliegen Sie nach Südamerika?

Das sind acht Fragen. Schluß, meine Damen und Herren.

Ausland: LK. *Das ist Deutschland (die Bundesrepublik, die DDR). Das ist das Ausland.*
Südamerika: LK. *Das ist Europa.* Tafelzeichnung spitzes Dreieck. *Das ist Südamerika. Das ist Brasilien.* G (die Zahl 8 zeigen) und G Schluß! Genau genommen sind es neun Fragen, doch wird die Frage *Nach Brasilien?* als rhetorische Zusatzfrage verstanden und deshalb nicht gezählt.

Schlüssel 3 C

1. a. Herr Fischer fliegt nach Südamerika. **b.** Fräulein Heim reist nach Köln. **c.** Herr Weiß fliegt nach Hamburg. **d.** Frau Berg reist nach Berlin. **e.** Herr Fischer fliegt nach Brasilien.

2. a. Herr Fischer kommt ins Studio. **b.** Herr Sommerfeld fliegt ins Ausland. **c.** Die Ansagerin kommt ins Studio. **d.** Fräulein Heim reist ins Ausland.

3. a. – f. im Studio

4. a. Ja, ich rauche viel. **b.** Ja, ich kaufe in Brasilien Tabak. **c.** Ja, ich fliege oft ins Ausland. **d.** Ja, ich arbeite in München. **e.** Ja, ich wohne in Köln. **f.** Ja, ich reise nach Berlin. **g.** Ja, ich rauche Pfeife.

5. a. Nein, ich reise nicht allein. **b.** Nein, ich studiere nicht hier. **c.** Nein, ich fliege nicht oft. **d.** Nein, ich arbeite nicht viel. **e.** Nein, ich wohne nicht hier. **f.** Nein, ich rauche nicht viel.

6. a. – f. Nein, ich bin nicht oft in ...

7. a. Ja, er ist oft im Studio. **b.** Nein, sie ist nicht oft in Brasilien. **c.** Ja, sie ist oft im Studio. **d.** Nein, er ist nicht oft in Berlin. **e.** Ja, er ist oft in Südamerika. **f.** Nein, er ist nicht oft in Köln. **g.** Ja, sie ist oft in Berlin.

8. a. Er fliegt oft nach Brasilien. **b.** Sie ist aus München. **c.** Er wohnt in Augsburg. **d.** Ich reise oft ins Ausland. **e.** Er ist aus Hamburg. **f.** Sie wohnt in Köln. **g.** Sie ist im Studio.

9. a. Er sagt: **b.** Sie sagt: **c.** Er sagt: **d.** Er sagt: **e.** Er sagt: **f.** Er sagt: **g.** Sie sagt: **h.** Sie sagt:

Lektion 4

Sie ist Lehrerin.

Das Wort *Lehrer* ist nicht im Text. Kann hier eingeführt werden.

Heute abend haben sie Gäste.

Da der Satz futurischen Charakter hat, die Illustration aber zunächst das Präsens nahelegt, kommt es hier darauf an, den Zusatz *heute abend* herauszuarbeiten. Beim nächsten Dia geht das durch den Gegensatz *Heute abend haben sie Gäste. – Jetzt sind sie im Supermarkt.*

Wir ziehen hier zunächst die gebräuchliche Form *Was kostet das?* (anstelle von *Wieviel kostet das?*) vor. Die Zahlen von 1–100 können hier noch nicht bis zur absoluten Geläufigkeit geübt werden. Geld: siehe Anhang. Zu Nürnberg findet sich im Bildanhang, Bild Nr. 4, das Dürer-Haus. (Albrecht Dürer, 1471–1528. Deutscher Maler.)

Schlüssel 4 C

1. a. Sie sind im Studio. **b.** Sie wohnen in Nürnberg. **c.** Sie wohnen in Köln. **d.** Sie sind im Studio. **e.** Sie sind im Studio. **f.** Sie sind im Supermarkt.

2. a. – e. Sie kosten ...

3. a. Er kostet 1 Mark 50. **b.** Es kostet 1 Mark. **c.** Sie kostet 4 Mark 20. **d.** Er kostet 2 Mark 80. **e.** Sie kostet 1 Mark 60.

4. a. – f. Ich brauche noch ...

5. a. – e. Wir brauchen noch ...

6. a. ein Weißbrot **b.** ein Schwarzbrot **c.** eine Ananas **d.** eine Salami

7. a. kein Bier **b.** kein Schwarzbrot **c.** kein Weißbrot **d.** keine Wurst **e.** keine Salami **f.** keine Ananas **g.** keine Zigaretten **h.** keine Tomaten **i.** keine Sardinen

8. a. – f. Haben wir noch ...? – Ja, wir haben noch genug.

9. **a.** kein Bier **b.** keine Wurst **c.** kein Weißbrot **d.** keine Salami **e.** keine Tomaten

Test 1 Schlüssel

  a b c d e f g h i j k l m n o p q

A. 2 – 1 – 2 – 1 – 3 – 1 – 3 – 2 – 1 – 3 – 1 – 1 – 1 – 3 – 1 – 2 – 3   14
B. 1 – 3 – 1 – 2 – 3 – 1 – 1   7
C. 1 – 2 – 2 – 3 – 2 – 2 – 1   7
D. 2 – 3 – 1 – 2 – 3 – 3 – 2   7
E. 3 – 2 – 1 – 3 – 4 – 4 – 3 – 1   8
F. 1 – 3 – 1 – 2 – 2 – 3 – 1 – 2 – 2   9

Keine Abweichungen möglich!

Lektion 5

Herr Neumann hat Hunger.	G + Ü
Wie geht's? Danke, gut.	Ü
Ist hier noch frei? Ja, bitte, nehmen Sie Platz.	G
Kalbsbraten	Ü
Bier, Apfelsaft	Einfache Strichzeichnung an der Tafel: Bierglas mit Schaum und typische Apfelsaftflasche mit stilisiertem Apfel.
das Essen und die Getränke	*Das ist das Essen: eine Tomatensuppe und drei Schnitzel. Das sind die Getränke: zwei Bier und ein Apfelsaft.*
Kaffee, Espresso, Mokka	Ü bei Mokka, falls nötig.

Übung 3 ist zuerst mit *Nein, danke ...* und dann mit *Ja, bringen Sie bitte* durchzumachen. Übungen 4 und 5 wieder als Frage- und Antwortspiel zwischen zwei Schülern. Die Übungen 5 und 8 lassen sich frei kombinieren: *Was möchten Sie? Ich nehme einen Kalbsbraten. Wir haben keinen Kalbsbraten mehr. Es gibt nur noch Schnitzel.* Übung 14 kann zusätzlich mit allen Elementen durchgemacht werden, die bisher zu der Frage *Was sagt ...?* passen. Uhrzeiten siehe Anhang.

1. **a. – d.** ... möchte, bestellt, nimmt ein ...

2. **a. – e.** Ich (er/sie) möchte einen ...

3. **a. – e.** keinen (einen)

4. **a. – c.** kein

5. **a. – f.** einen

6. **a.** ein Schnitzel **b.** einen Kalbsbraten **c.** ein Kotelett **d.** eine Tomatensuppe **e.** ein Beefsteak

7. **a.** ein Schnitzel und ein Bier **b.** einen Kalbsbraten und einen Apfelsaft **c.** ein Kotelett und einen Rotwein **d.** ein Beefsteak und einen Kaffee

8. **a.** keinen Kalbsbraten **b.** keinen Espresso **c.** kein Schnitzel **d.** kein Bier

9. **a.** keinen Rotwein **b.** kein Bier **c.** keinen Käse **d.** kein Schwarzbrot **e.** keinen Kaffee **f.** kein Weißbrot **g.** keine Salami

10. **a. – d.** trinken; trinkt

11. **a.** kein Weißbrot **b.** keinen Käse **c.** kein Schwarzbrot **d.** keinen Rotwein **e.** keinen Apfelsaft **f.** kein Bier **g.** keinen Kaffee **h.** keine Tomatensuppe **i.** keine Sardinen

12. **a.** Herr Neumann ... **b.** Der Quizmaster ... **c.** Der Ober ... **d.** Die Kassiererin ... **e.** Die Ansagerin ...

13. **a. – d.** ... ist im ...

14. **a. – e.** Er sagt, ...

15. Es ist jetzt ...; Es ist schon ... **a.** drei **b.** neun **c.** fünf vor vier **d.** zehn nach zehn **e.** Viertel nach sieben **f.** zehn vor zwölf **g.** halb acht **h.** Viertel vor vier **i.** fünf vor halb zwölf.

16. **a.** fünf Mark zehn **b.** acht Mark sechs **c.** elf Mark fünfundachtzig **d.** einundzwanzig Mark siebenundsiebzig **e.** fünf Mark fünfundzwanzig **f.** sechzehn Mark neunzig

Lektion 6

Entschuldigen Sie bitte, wie komme ich zum Marktplatz?
Hauptbahnhof

Bild 20 im Bildanhang zeigt den Bremer Marktplatz.
Im Zusammenhang mit dem dritten Dia und Bild 6 und 9, L 12 erläutern, falls nötig durch Strichzeichnung (Lokomotive).

Einen Augenblick, ich frage mal.

In der Erschließungsphase muß darauf geachtet werden, daß alle bisher bekannten Personalformen sinnvoll eingesetzt werden. Hier also: *Er fragt die Dame.* (Die Frage *wen?* kommt erst in Lektion 8.)

Tut mir leid.
Straßenbahn

G
Eine Straßenbahn findet sich auf Bild 20 im Anhang.

Hauptpostamt
Von da ist der Marktplatz nicht mehr weit.

Tafelzeichnung Posthorn
Tafelzeichnung Hauptpostamt, Fernsehturm, Marktplatz. (Nur durch Punkte andeuten.) *Das ist der Fernsehturm. Das ist das Hauptpostamt. Von da ist der Marktplatz nicht mehr weit.*

Schloßplatz

Abbildung 9, Schloß Ludwigsburg. *Das ist ein Schloß. Das ist der Schloßplatz. Schloß Ludwigsburg ist nicht weit von Stuttgart.* (LK)

Sie kennen die Stadt aber gut.

München ist eine Stadt. Stuttgart ist eine Stadt. Gut kennen: *Wie heißt der Reporter?* G *Tut mir leid, den kenne ich nicht. Kennen Sie ...* (Unterrichtsort)? *Ja, ich kenne ... gut. Kennen Sie die Stadt New York? Nein, die kenne ich nicht.*

Übung 2 bringt vermischt Substantive mit verschiedenem Geschlecht. Vorsichtshalber vorher 6 B 1 lesen lassen. Das in Kommata eingeschlossene *bitte* in Übung 2 darf nicht die Intonation unterbrechen. Die Vorgabe bei Übung 13 (*Entschuldigen Sie, bitte, ich habe eine Frage*) kann jetzt mit mehreren Elementen zu neuen Übungen zusammengestellt werden: *Entschuldigen Sie, bitte, wie spät ist es? Entschuldigen Sie, bitte, kennen Sie den Schloßplatz? Entschuldigen Sie, bitte, wie komme ich zum Hauptbahnhof?* etc.

Schlüssel 6 C

1. a. Er wohnt am ... **b.** Sie wohnt am ... **c.** Er wohnt am ... **d.** Sie wohnt am ... **e.** Er wohnt am ... **f.** Er wohnt am ...

2. a. zum Fernsehturm; zum Rathaus; der Fernsehturm **b.** zum Studio; zum Schloßplatz; das Studio **c.** zum Marktplatz; zum Rathaus; der Marktplatz **d.** zum Hauptbahnhof; zum Hauptpostamt; der Hauptbahnhof. **e.** zum Restaurant; zum Supermarkt; das Restaurant

3. a. – g. zum

4. a. Bitte, wo ist der Marktplatz? – Sehen Sie den Hauptbahnhof? Dort fahren Sie nach rechts. Dann kommen Sie zum Marktplatz. **b.** Bitte, wo ist der Schloßplatz? – Sehen Sie den Fernsehturm? Dort fahren Sie nach links. Dann kommen Sie zum Schloßplatz. **c.** Bitte, wo ist der Hauptbahnhof? – Sehen Sie den Supermarkt? Dort fahren Sie immer geradeaus. Dann kommen Sie zum Hauptbahnhof. **d.** Bitte, wo ist das Rathaus? – Sehen Sie das Postamt? Dort fahren Sie nach links. Dann kommen Sie zum Rathaus. **e.** Bitte, wo ist das Hauptpostamt? – Sehen Sie das Restaurant? Dort fahren Sie nach rechts. Dann kommen Sie zum Hauptpostamt.

5. a. – f. am

6. a. – d. zum; zum

7. a. – f. den

8. a. die **b.** die **c.** die **d.** die **e.** die **f.** das **g.** das **h.** das

9. a. zum Hauptpostamt; die Straßenbahn **b.** zum Rathaus; den Bus **c.** zum Schloßplatz; die Straßenbahn **d.** zum Fernsehturm; den Bus

10. a. zum Schloßplatz; den Bus; der **b.** zum Bahnhof; die Straßenbahn; die **c.** zum Fernsehturm; den Bus; der **d.** zum Hauptpostamt; die Straßenbahn; die **e.** zum Marktplatz; den Bus; der

11. **a. – d.** aus

12. **a.** zum; zum; der **b.** zum; zum; der **c.** zum; zum; das **d.** zum; zum; das **e.** zum; zum; das

13. **a.** den **b.** den **c.** die **d.** das **e.** die

Lektion 7

Herr Fuchs ist ärgerlich. Er hat es eilig.
Seine Sekretärin schreibt gerade einen Brief.

G im Zusammenhang mit dem Dia.

Rückverweis auf L 1, Seite 4, Bild 5:
Das ist Fräulein Heim. Sie ist Sekretärin. Sie schreibt gerade einen Brief.

Flugzeug

Bild 14 im Anhang
Was fragt Herr Fuchs? Er fragt: Wann geht mein Flugzeug? Fräulein Heim sieht nach. Sie sagt: Die Maschine geht um 9 Uhr 30, etc.

eine Viertelstunde

Tafelzeichnung: Uhr mit Viertelausschnitt (siehe Anhang).

Flughafen

Bild 14 im Bildanhang. *Das ist der Flughafen in Frankfurt.*

Besprechung
verschieben

Ü

Die Besprechung ist um 9 Uhr. Herr Fuchs kommt aber erst um 10 Uhr. Fräulein Heim ruft Herrn Baumann an und verschiebt die Besprechung auf 11 Uhr.

Und bestellen Sie einen Tisch im Hotel Vier Jahreszeiten für 12 Uhr.
morgen
In Ordnung.
Ist das alles? Ich glaube ja.
meinen Paß, meine Brieftasche, etc.

G Das Wort *Hotel* an die Tafel schreiben.
Durch Datum klarmachen.
ok
G + Ü
Sofort bei der Erschließungsphase mit den Possessivpronomen der dritten Person Singular arbeiten. *Wo ist sein Paß? Wo ist seine Brieftasche? Wo sind seine Papiere?*

Schlüssel 7 C

1. **a. – f.** mein; Ihr

2. **a. – d.** meine; Ihre

3. **a. – f.** Sein (ihr)

4. **a. – e.** Seine (ihre)

5. **a. – e.** unser

6. **a. – d.** unsere

7. **a. – e.** Ihre; meine

8. **a.** Herrn Fuchs – seine **b.** Frau Berg – ihre **c.** Herrn Neumann – seine **d.** Fräulein Heim – ihre **e.** Herrn Kühn – seine

9. **a.** im Büro **b.** im Restaurant **c.** zu Hause **d.** hier

10. **a. – d.** Rufen Sie bitte ... an! meinen

11. **a. – f.** seinen (ihren)

12. **a. – d.** Ihren; Der

13. **a. – f.** unseren; den

14. **a. – c.** ..., wann kommt ... an? – ..., ich rufe ... an.

Lektion 8

Fräulein Heim telefoniert.	Rückgriff auf das letzte Bild von L 7 (im Buch zeigen): *Fräulein Heim telefoniert.*
Mittagessen	Nicht im Text, sondern nur im Dia, L 7 Bild 6. *Es ist Mittag. Herr Neumann möchte ein Mittagessen.*
Dann ruft sie die Werkstatt an.	*Das Auto ist kaputt. Fräulein Heim ruft die Werkstatt an. Sie meldet den Wagen zur Reparatur an.*
Ich verbinde Sie mit der Werkstatt.	Im Bild ist das Wort *Telefonzentrale* zu sehen.

44

Unser Wagen hat eine Panne.
Können Sie jemand hinschicken?

Was fehlt denn? Das weiß ich
nicht. Ich glaube, Sie müssen ihn
abschleppen.
Bleiben Sie bitte am Apparat.

Dann brauche ich nur noch den
Autoschlüssel.

(Analog zu *Taxizentrale* in der vorhergehenden Lektion.) *Die Dame
verbindet Fräulein Heim mit Herrn
Meier.*
Unser Wagen ist kaputt.
*Die Taxizentrale schickt ein Taxi in
die Ludwigstraße. Herr Meier schickt
jemand zum Hauptbahnhof.*
G + Ü + Tafelzeichnung

*Das ist ein Telefon. Das ist der
Apparat.*
*Der Wagen ist kaputt. Er steht am
Hauptbahnhof. Herr Meier muß den
Wagen abschleppen. Er braucht den
Autoschlüssel.*

Schlüssel 8 C

1. **a. – d.** Ich möchte . . .

2. **a.** zwölf Uhr **b.** ein Uhr **c.** zwölf Uhr **d.** zwei Uhr **e.** sechs Uhr **f.** sieben Uhr **g.** acht Uhr

3. **a. – e.** Können wir . . .

4. **a. – f.** Ich (er) muß zu Fuß . . . gehen.

5. **a. – e.** Rufen Sie . . . an! – Verbinden Sie mich bitte mit . . .

6. **a.** nach Köln **b.** nach Stuttgart **c.** nach Berlin **d.** nach Hamburg **e.** nach München

7. **a. – e.** den

8. **a. – e.** Rufen Sie mich . . . an!

9. **a. – d.** den; ihn

10. **a. – e.** Ich muß Herrn . . . sprechen. Können Sie ihn anrufen?

11. **a. – d.** Ich brauche . . . – . . . ich verbinde Sie mit der . . .

12. a. – g. am

13. a. – i. Können Sie …

14. a. – g. zum

15. a. Morgen fährt er nach Köln. **b.** Morgen fliegt er nach München.
c. Heute nachmittag fährt sie nach Hause. **d.** Um 12 Uhr geht er zum
Essen. **e.** Dann nimmt sie den Bus.

Test 2 Schlüssel

A. 6 – 1 – 1 – 2 – 5 – 3 – 3 – 4
B. 1 – 4 – 5 – 3 – 2
C. 1 – 3 – 2 – 4
D. 1 – 2 – 3 – 1
E. 1 – 2 – 3 – 3 – 4
F. 3 – 4 – 1 – 2
G. 4 – 3 – 3 – 2 – 1
H. 1 – 2 – 3 – 4 – 1
I. 2 – 3 – 1 – 2 – 3
J. 2,2 – 1,2 – 4,4 – 3,3 – 4,4 – 3,3 – 1,1
K. 3 – 4 – 1 – 2 – 2 – 1 – 1
L. 2 – 1 – 3 – 1 – 3
M. 3 – 1 – 2 – 3 – 1
N. 3 – 2 – 1 – 3 – 2

[handwritten annotations:]
A keinen / ein / ein / eine / keine / einen / keine / kein
B. Fahre / hält / sehen / halten / fährt
C. der / das / den / die

Folgende Abweichungen sind grammatisch richtig:

E. **a.** 2 (sein), 3 (Ihr); **c.** 1 (mein), 2 (sein); **d.** 1 (mein), 2 (sein).
H. **a.** 2 (ihn); **e.** 2 (ihn).
I. **c.** 2 (niemand) **d.** 1 (jemand)
M. **c.** 1 (die)

Die Lektionen 9–15 mit Schlüssel

Mit Lektion 8 ist der audio-visuelle Teil des Buches abgeschlossen. Für die
Lektionen 9–24 gibt es keine Dias mehr. Unbedingt wichtig sind jedoch die

Tonbänder, da weiterhin mit Dialogtexten gearbeitet wird. Das Verfahren ab Lektion 9 kann etwa folgendermaßen aussehen:

1. Die Schüler hören das Tonband bei geschlossenen Büchern.
2. Das Tonband wird noch einmal abgespielt, und die Schüler sehen sich die Illustrationen im Buch dazu an.
3. Erschließungsphase wie bei den Lektionen 1–8 anhand der Illustrationen im Buch und mit verstärkter verbaler Erläuterung in Verbindung mit Tafelskizzen.

Lektion 9

Sie wollen per Anhalter nach Österreich.

Zunächst Auswertung der Situationszeichnung: Autobahn München–Salzburg (LK). *Wo liegt Salzburg? Salzburg liegt in Österreich. Kennen Sie Österreich? Ja, ich kenne Österreich. Nein, ich kenne Österreich nicht.*

Gut, steigen Sie ein. Ihr Gepäck müssen Sie auf den Rücksitz legen. Mein Kofferraum ist voll.

Worterschließung aus dem Situationsbild.

Urlaub

Er arbeitet nicht. Er macht Urlaub. (Ü)

Theater

Bild 15 im Anhang zeigt das Cuvilliés-Theater in München. *Das ist ein Theater. Es ist aber nicht in Salzburg. Es ist in München.*

Schweiz, Genf

Das ist die Bundesrepublik, das ist Österreich, das ist die Schweiz. Hier liegt Wien, hier liegt Salzburg, hier liegt Genf. In Genf spricht man Französisch. In Wien und Salzburg spricht man Deutsch.

wieder mal Französisch sprechen

Im Text *wieder mal,* in Übung 9 C 2c *einmal.*
Ähnlich später in L 15 im Text:

übermorgen

Wie lange sind Sie denn da unterwegs?

Weil ich sparen muß, etc.

Können Sie hier aussteigen?

Ich habe dir *was* mitgebracht (Übungen: *etwas*) Datum des Unterrichtstages an die Tafel schreiben und das der beiden nächsten Tage. *Heute, morgen, übermorgen.*

Von Augsburg nach München ist nicht weit. Von Wien nach Teheran ist sehr weit. Die Studenten sind 14 Tage unterwegs.

Er ist verheiratet und hat zwei Kinder. Nächstes Jahr (Zahl des nächsten Jahres an die Tafel schreiben) *will er ein Haus bauen.*

Einsteigen – aussteigen. An Bild 2 auf Seite 54 verdeutlichen. Im Bildanhang, Bild 6, Salzburg, Bild 7, Wien, Bild 8, der Genfer See.

Schlüssel 9 C

1. **a. – f.** Wohin wollen Sie?   Nach ... – Steigen Sie ein!

2. **a. – g.** Ich (er) will .

3. **a. – f.** Wann wollen Sie .. fliegen? – Ich will . . nach ... fliegen.

4. **a. – f.** Wir wollen nach   Können Sie uns ein Stück mitnehmen?

5. **a. – f.** Können Sie mich mitnehmen? – Tut mir leid, mein Wagen ist voll. Vielleicht nimmt Herr/Frau/Frl. ... Sie mit.

6. **a. – d.** Das ist ... Können Sie ihn mitnehmen? – Tut mir leid. Ich nehme schon ... mit.

7. **a.** seinen Bruder **b.** seinen Chef **c.** seinen Freund **d.** seine Sekretärin **e.** seine Frau

8. **a.** kein Taxi **b.** keinen Wagen **c.** keine Zigaretten **d.** keinen Apfelsaft **e.** keinen Kalbsbraten

48

9. **a.** Ihren Paß; mein Paß **b.** Ihre Brieftasche; meine Brieftasche **c.** Ihren Autoschlüssel; mein Autoschlüssel **d.** Ihr Flugticket; mein Flugticket **e.** Ihre Pässe; unsere Pässe

10. **a.** das Quiz; den Quizmaster **b.** die Besprechung; Herrn Fuchs **c.** das Spiel; den Reporter **d.** der Urlaub; den Chef **e.** die Arbeit; die Sekretärin

11. **a. – c.** Wohin wollen Sie (will er/sie)? – Nach ... – Wie lange sind Sie (ist er/sie) denn da unterwegs? – Ungefähr ...

12. **a. – f.** Ich (er/sie) muß (wir müssen) ... sein. – Ja, wir sind gleich da.

13. **a.** kein Gepäck; das **b.** keinen Paß; der **c.** keine Zigaretten; die **d.** keine Brieftasche; die **e.** keinen Wagen; der

14. **a.** Weil ich sparen muß (er sparen muß); Weil wir sparen müssen **b.** Weil ich keine Zeit habe (er keine Zeit hat); Weil wir keine Zeit haben **c.** Weil ich ein Haus bauen will (er ein Haus bauen will); Weil wir ein Haus bauen wollen **d.** Weil ich zwei Kinder habe (er zwei Kinder hat); Weil wir zwei Kinder haben **e.** Weil ich arbeiten muß (er arbeiten muß); Weil wir arbeiten müssen

15. **a. – e.** Können Sie ...; Ich kann ...

16. **a. – c.** Wie lange wollen Sie in ... bleiben? – Ungefähr ..., dann fahre ich nach ... weiter.

Lektion 10

Besuch	Gäste
Was machen Ihre Kinder eigentlich den ganzen Tag?	*Was machen Sie den ganzen Tag, Herr ...? Sind Sie nachmittags zu Hause? Sind Sie abends in der Schule? Sind Sie morgens in der Schule? etc.*
Meine Tochter habe ich auch schon lange nicht mehr gesehen.	*Wo ist seine Tochter? Das weiß er nicht. (Hier kann auch eingeführt werden: Er weiß es nicht.) Er hat sie schon lange nicht mehr gesehen.*
treiben keinen Sport	*Tennis ist ein Sport, Fußball ist ein Sport, Skifahren ist ein Sport. Spie-*

lernen kein Instrument

Machen sie wenigstens ihre Hausaufgaben?

In der Schule sind sie nicht schlecht.

im Winter – im Sommer

Ich war noch nie in Griechenland.

Aber das war auch nicht schlecht.

Konzert

Schiller, Goethe, Tolstoi

*len Sie Tennis? Spielen Sie Fußball?
Fahren Sie Ski?*

*Die Gitarre ist ein Instrument. Das
Klavier ist ein Instrument. Sie lernen
jetzt Deutsch. Lernen Sie auch ein
Instrument? Können Sie Klavier spielen?*

*In der Schule lernen Sie Deutsch. Sie
müssen aber auch zu Hause lernen.
Zu Hause machen Sie Ihre Hausaufgaben.*

*Sie sprechen sehr gut Deutsch. Sie
sind in der Schule nicht schlecht. Der
Student aus Teheran spricht schlecht
Deutsch. Warum? Ist er schlecht in
der Schule? Nein, er ist erst seit zwei
Monaten in Deutschland.*

*Der Sommer ist eine Jahreszeit, der
Winter ist eine Jahreszeit. Sommer
und Winter sind Jahreszeiten. Wie
heißt das Hotel? (L 7) Es heißt Hotel
Vier Jahreszeiten. Der Frühling (nicht
im Text) und der Herbst (nicht im
Text) sind Jahreszeiten.*

*Er war noch nie in Griechenland, aber
nächstes Jahr will er nach Griechenland. Waren Sie schon einmal in
Österreich? etc.*

*Ich möchte ein Schnitzel. Tut mir
leid, wir haben nur noch Kalbsbraten.
Auch nicht schlecht, dann nehme ich
einen Kalbsbraten.*

Zeichnung zu L 21: *Er ist im Konzert.*

Friedrich von Schiller (1759–1805)
Johann Wolfgang von Goethe
(1749–1832)

	Leo Tolstoi (russischer Dichter, 1828–1910)
weil meine Kinder Geld brauchen	Siehe Tafel im Anhang.
Abends bin ich müde.	G
Wir haben früher auch viel Musik gemacht.	Bild 4, L 10. *Sie spielen Gitarre. Sie machen Musik.*
Vater, Mutter	Bild 4, L 10. *Das sind die Söhne.* Situationsbild L 10. *Das ist der Vater. Das ist die Mutter.*
Geige	G, Tafelzeichnung
hat gesungen	L 10, Zeichnung 4. *Sie spielen Gitarre und singen.*
Kino	*Gehen Sie oft ins Kino? Kennen Sie das … Kino?* (Örtliches Kino nennen)
Krimi	Letzte Zeichnung L 10. *Sie sehen einen Krimi. Sie sehen sich jeden Krimi an.*
Abendessen	*Fräulein Heim geht in ein Restaurant. Es ist 8 Uhr abends. Sie möchte ein Abendessen.* (Die Form: zu Mittag essen, zu Abend essen, wird nicht gebracht.)

Schlüssel 10 C

1. **a.** einen Fernseher – keinen Fernseher – einen Fernseher **b.** ein Motorrad – kein Motorrad – ein Motorrad **c.** eine Gitarre – keine Gitarre – eine Gitarre **d.** ein Klavier – kein Klavier – ein Klavier **e.** ein Auto – kein Auto – ein Auto **f.** einen Wagen – keinen Wagen – einen Wagen **g.** ein Haus – kein Haus – ein Haus **h.** eine Sekretärin – keine Sekretärin – eine Sekretärin

2. **a. – e.** …, wo waren Sie …? – Ich war …

3. **a. – g.** Wir waren …

4. **a.** Er sieht fern; Sie sehen fern **b.** Er liest Krimis; Sie lesen Krimis **c.** Er hört Beat; Sie hören Beat **d.** Er treibt Sport; Sie treiben Sport **e.** Er

spielt Gitarre; Sie spielen Gitarre **f.** Er fährt Ski; Sie fahren Ski **g.** Er spielt Klavier; Sie spielen Klavier **h.** Er fährt nach Wien; Sie fahren nach Wien **i.** Er spielt Fußball; Sie spielen Fußball **j.** Er macht Hausaufgaben; Sie machen Hausaufgaben

5. a. – h. Haben Sie ...? – Nein, ich habe (wir haben) ...

6. a. nachmittags ist er (bin ich) **b.** abends ist er (bin ich) **c.** abends ist sie (bin ich) **d.** morgens ist sie (bin ich) **e.** nachmittags ist er (bin ich) **f.** mittags ist er (bin ich)

7. a. – i. Sind Sie/ist er ...? – Oh ja, ich bin/sie sind/er ist ...

8. a. – h. Können Sie ...

9. a. – d. Gestern bin ich (ist er/sie) nach ... geflogen. Dort habe ich (hat er/sie) meinen (seinen/ihren) ... getroffen. Gestern sind wir (sind sie) nach ... geflogen. Dort haben wir (haben sie) unseren (ihren) ... getroffen.

10. a. – f. ihre

11. a. – i. ..., wofür interessieren Sie sich? – Ich interessiere mich für ... (**a.** er interessiert sich **b.** er **c.** er **d.** sie **e.** sie **f.** sie)

12. a. den **b.** die **c.** das **d.** die **e.** den **f.** das **g.** den

Lektion 11

eingeladen	*Herr und Frau Fuchs haben Besuch. Sie haben Gäste eingeladen. Martina und Klaus haben Brigitte und Werner zum Abendessen eingeladen.*
belegte Brote und ein paar Salate	In der Zeichnung auch Suppentassen, die nicht im Text erwähnt sind. *Was wollen sie essen? Sie wollen belegte Brote und Salate essen. Martina hat belegte Brote und ein paar Salate gemacht. Gibt es auch Suppe? Ja, es gibt auch Suppe. Gibt es auch Bier?* etc. *Ja, ...*

Bist du fertig?	*Es ist gleich ... (jeweilige Uhrzeit nennen). Wir sind gleich fertig.*
So, jetzt können sie kommen.	*Martina ist fertig. Die Gäste können kommen.*
Leg schon eine Platte auf.	Mittlere Zeichnung, Seite 60: *Das ist eine Platte. Das ist eine Schallplatte. Er legt eine Platte auf.*
Du hast ja den ganzen Tag in der Küche gearbeitet.	*Herr Neumann geht um 8 Uhr nach Hause. Er hat den ganzen Tag im Büro gearbeitet. Martina hat den ganzen Tag in der Küche gearbeitet. Sie hat belegte Brote und Salate gemacht. Klaus sagt, bleib doch hier (im Wohnzimmer).*
Für wann hast du sie eigentlich eingeladen?	*Heute ist der 14. April. Sie hat die Gäste für heute eingeladen. Heute ist Sonntag.*
Ich habe Brigitte gestern abend noch angerufen. Ich freue mich schon auf morgen, hat sie gesagt.	*Heute ist der 14. April. Gestern war der 13. April. Gestern abend hat Martina Brigitte angerufen. Am Sonntag arbeite ich nicht. Ich freue mich schon auf Sonntag. Ich fahre nächstes Jahr nach Deutschland. Ich freue mich schon auf Deutschland. Wir gehen bald in Urlaub. Wir freuen uns schon auf den Urlaub.*

Die Lektionen 11 und 12 führen die *du*- und *ihr*-Formen ein. Je nach Ausgangssprache ist hier eine Erläuterung nötig. Begriffe wie „familiäre Anrede" und „Höflichkeitsform" sind dabei zu vermeiden, weil sie zu falschen Schlüssen führen. Kinder (heute etwa bis zum 14. Lebensjahr) werden grundsätzlich mit *du* angeredet, ebenso gute Freunde. Erwachsene, mit denen man nicht besonders befreundet ist (auch wenn man sehr viel mit ihnen zu tun hat) werden mit *Sie* angeredet. Schüler, beispielsweise eines Gymnasiums, also auch 18- bis 19jährige, reden sich gegenseitig mit *du* an. Wenn sie nach dem Abitur auf die Universität gehen, also im selben Lebensalter, reden sie sich als Studenten zunächst mit *Sie* an. Die Verwechslung von *du* und *Sie* ist ein nicht akzeptabler Fehler. Eine Sonderform der Anrede wird in Lektion 20 eingeführt. Es handelt sich um den Gebrauch des Vornamens in Verbindung mit der Anrede *Sie,* der bei Fernsehdiskussionen, vor allem unter jüngeren Leuten, üblich ist.

Schlüssel 11 C

1. **a. – f.** Wir haben ... zum ... eingeladen.

2. **a.** einen Kaffee **b.** ein Bier **c.** eine Zigarette **d.** einen Aperitif **e.** einen Apfelsaft **f.** eine Ananas

3. **a. – e.** Willst du jetzt ...? – Nein, ich muß erst ...

4. **a.** geholt – den ... holen – den ... geholt **b.** geholt – den ... holen – den ... geholt **c.** gefragt – den ... fragen – den ... gefragt **d.** gespült – die ... spülen – die ... gespült **e.** gemacht – die ... machen – die ... gemacht **f.** bestellt – die ... bestellen – die ... bestellt **g.** gemacht – die ... machen – die ... gemacht **h.** aufgelegt – die ... auflegen – die ... aufgelegt **i.** gelesen – das ... lesen – das ... gelesen **j.** angerufen – den ... anrufen – den ... angerufen

5. **a. – f.** den; Er

6. **a.** die – die sind **b.** den – der ist **c.** das – das ist **d.** den – der ist

7. **a.** Nein, ich fliege nach Köln. **b.** Nein, ich gehe ins Kino. **c.** Nein, ich fahre in die Stadt. **d.** Nein, ich gehe ins Theater.

8. **a.** Die stehen auf dem Tisch. **b.** Das liegt auf dem Tisch. **c.** Die liegen auf dem Hocker. **d.** Der liegt auf dem Tisch. **e.** Der steht auf dem Kühlschrank. **f.** Der steht auf dem Balkon.

9. **a. – e.** Es liegt ...

10. **a.** bring das Buch ins – hol das Buch aus dem **b.** bring den Brief ins – hol den Brief aus dem **c.** bring die Papiere ins – hol die Papiere aus dem **d.** bring das Ticket ins – hol das Ticket aus dem **e.** bring den Paß ins – hol den Paß aus dem

11. **a.** leg den Wein in den – hol den Wein aus dem **b.** leg das Buch in den – hol das Buch aus dem **c.** leg den Paß in den – hol den Paß aus dem

d. leg die Papiere in den – hol die Papiere aus dem **e.** leg den Käse in den – hol den Käse aus dem

12. **a. – f.** Hast du den ... auf den Tisch gestellt? – Ja, der steht auf dem Tisch.

13. **a.** sie freut sich **b.** er freut sich **c.** er freut sich **d.** er freut sich **e.** er freut sich **f.** sie freut sich **g.** sie freut sich **h.** er freut sich

14. **a. – e.** Wir freuen uns schon auf ...; Sie freuen sich schon auf ...

15. **a.** hat er **b.** hat sie **c.** hat sie **d.** hat er **e.** hat er

Lektion 12

Es hat sich niemand gemeldet.	*Klaus hat angerufen. Aber Brigitte und Werner waren nicht zu Hause. Es hat sich niemand gemeldet.* (Ü)
da haben wir gedacht	*Martina hat gedacht, Brigitte hat die Einladung vergessen.* Frage an die Schüler: *Wie spät ist es? Was, so spät schon, ich habe gedacht, es ist erst ...*
einen Ausflug an den Tegernsee um 5 Uhr nach dem Kaffeetrinken	Tegernsee, Bild 10 im Anhang. *Das sind Brigitte und Werner. Das sind die Eltern. Sie haben einen Ausflug an den Tegernsee gemacht. Sie trinken Kaffee. Nach dem Kaffeetrinken wollen sie zurückfahren.*
Werner hat sich geärgert. Er wollte nämlich selbst fahren.	*Können Sie Auto fahren? Ja? Sie fahren selbst.* (G) *Ich kann auch Auto fahren. Ich fahre selbst.*
aufstehen Haben wir denn noch genug zu essen? verschlafen	G in Verbindung mit der Zeichnung *Warum fragt er das? Weil er sieben Brote gegessen hat.* *Klaus muß morgens um 7 Uhr aufstehen. Er muß um 8 Uhr ins Büro. Aber um 8 Uhr schläft er noch. Er hat verschlafen.*

Brigitte hat ihren Zug verpaßt.

Der Zug geht um 7 Uhr 30. Brigitte kommt um 7 Uhr 35. Sie kommt zu spät. Der Zug ist gerade abgefahren. Sie hat ihren Zug verpaßt.

Kopfschmerzen   Siehe Zeichnung

Das Pronominalsystem (Personalpronomen und Possessivpronomen) ist im Deutschen besonders schwierig. Der Lehrer wird es von der Adressatengruppe und der Unterrichtssituation abhängig machen, wieviel Zeit er den *du*- und *ihr*-Formen widmet. Es empfiehlt sich bei gegebenem Anlaß (in den späteren Lektionen) auf die Übungen von L 11, L 12 und L 13 zurückzukommen.

Schlüssel 12 C

1. **a.** hast **b.** hat **c.** hat **d.** habt **e.** haben

2. **a.** Peter konnte ... weil er **b.** Ich konnte ... weil ich **c.** Brigitte konnte ... weil sie **d.** Hans und Eva konnten ... weil sie **e.** Wir konnten ... weil wir

3. **a.** Ich habe ... auf dich gewartet. Konntest du ... **b.** Sie hat ... auf ihn gewartet. Konnte er ... **c.** Wir haben ... auf dich gewartet. Konntest du ... **d.** Wir haben ... auf euch gewartet. Konntet ihr ... **e.** Ich habe ... auf Sie gewartet. Konnten Sie ...

4. **a.** Warum konntest du ...? – Weil ich ... war. **b.** Warum konnte er ...? – Weil er ... war. **c.** Warum konnte sie ...? – Weil sie ... war. **d.** Warum konntet ihr ...? – Weil wir ... waren. **e.** Warum konnten Sie ...? – Weil ich ... war.

5. **a.** wollte **b.** wollte **c.** wollte **d.** wollte **e.** wollten **f.** wollten **g.** wollten **h.** wollten **i.** wollte **j.** wollte **k.** wollte **l.** wollte/wollten **m.** wollte/wollten **n.** wollte/wollten **o.** wollte/wollten

6. **a. – d.** Wir haben zwei Stunden ... gewartet.

7. **a.** wollte – ich mußte **b.** wollten – wir mußten **c.** wollte – er mußte **d.** wollte – sie mußte **e.** wollte – sie mußte/mußten **f.** wollten – er mußte

8. **a. – e.** Du wolltest doch ...? – Ja, aber ich mußte ...
   Ihr wolltet doch ...? – Ja, aber wir mußten ...

9. **a. – e.** Warum mußtest du ...? – Weil ich ... hatte.
   Warum mußtet ihr ...? – Weil wir ... hatten.

10. a. er wohnt **b.** sie warten **c.** es steht **d.** sie fährt **e.** sie studieren **f.** sie spielt **g.** sie wohnen **h.** sie gehen

11. a. meinen Paß – deinen Paß **b.** meinen Bruder – deinen Bruder **c.** meine Freundin – deine Freundin **d.** meine Brieftasche – deine Brief- tasche **e.** meine Briefe – deine Briefe **f.** meine Gäste – deine Gäste

12. a. verpaßt – wir haben verschlafen **b.** eingeladen – er ist gefahren **c.** getroffen – er ist **d.** angerufen – er ist **e.** gebracht – er ist gefahren

13. a. seid ihr – wir sind **b.** bist du – ich bin **c.** ist er – er ist **d.** ist sie – sie ist/sind sie – sie sind **e.** seid ihr – wir sind **f.** ist sie – sie ist/sind sie – sie sind **g.** bist du – ich bin **h.** seid ihr – wir sind

14. a. uns holen – wir sind **b.** mich holen – ich bin **c.** ihn holen – er ist **d.** sie holen – sie sind **e.** uns holen – wir sind

15. a. ihr müßt … ich konnte **b.** du mußt … ich konnte **c.** Sie müssen … ich konnte **d.** ihr müßt … er konnte **e.** du mußt … sie konnte/sie konnten **f.** Sie müssen … er konnte **g.** Sie müssen … sie konnte/sie konnten **h.** Sie müssen … wir konnten

16. a. Wir kommen – seid ihr gekommen – Wir sind … gekommen **b.** Wir bleiben – seid ihr geblieben – Wir sind … geblieben **c.** Wir essen – habt ihr gegessen – Wir haben … gegessen **d.** Ich gehe – bist du gegangen – Ich bin … gegangen **e.** er trinkt – hat er getrunken – Er hat … getrunken **f.** Ich schlafe – hast du geschlafen – Ich habe … geschlafen

Test 3 Schlüssel

A. 1,3 – 2 – 1,3 – 2
B. 3 – 1 – 2 – 2 – 2 – 3
C. 2 – 1 – 3 – 1 – 2 – 3
D. 3 – 4 – 2 – 1 – 3
E. 1 – 4 – 3 – 2 – 2 – 5
F. 1 – 2 – 5 – 4 – 3
G. 1 – 3 – 2 – 4
H. 3 – 1 – 2 – 1
I. 1 – 3 – 4 – 2
J. 2 – 1 – 4 – 3 – 2 – 4 – 1

K. 2 – 2 – 1 – 3
L. 2 – 2 – 1 – 2 – 1
M. 2 – 1 – 3 – 2
N. 1 – 3 – 2 – 3 – 1

Lektion 13

Düsseldorf — LK und Bild 19 im Anhang.

Italien — LK

Das geht nicht. — G

Übernachten die bei uns? — *Das ist Claudia, das ist ihr Mann. Sie haben Gepäck. Sie bleiben bis morgen. Sie wollen übernachten.*

Schlafzimmer, Wohnzimmer — *Wohnzimmer,* siehe Zeichnung. *Schlafzimmer:* L 12, Bild 8. Daran auch die Erläuterung von *Bett.*

Küchentisch — *Die Küche, der Tisch, der Küchentisch.* Ebenso: *die Luft, die Matratze, die Luftmatratze.* Die Wortbildung wird hier noch nicht systematisiert. Die Schüler sollen lediglich ein Gefühl dafür bekommen, wie im Deutschen Hauptwörter zusammengesetzt werden können.

Zelt — Tafelzeichnung

Hoffentlich stören wir nicht. — *Nein, die Gäste stören nicht. Herr und Frau Kaufmann haben sich auf den Besuch gefreut.* (Ü)

ausgehen — *Vielleicht wollten sie ausgehen: vielleicht wollten sie in die Stadt gehen, ins Kino gehen, etc.*

Bayern München gegen Schalke 04 — Bayern München: Fußballmannschaft aus München, mehrfacher deutscher Meister (zuletzt 1972); Schalke 04, nach dem Ort Schalke im Ruhrgebiet benannter Fußballverein, der 1904 gegründet wurde.

Schlüssel 13 C

1. a. brauche – kann mich **b.** brauchst – kann dich **c.** braucht – kann ihn **d.** brauchen – können uns **e.** braucht – kann euch **f.** brauchen – können sie **g.** braucht – kann sie **h.** braucht – kannst ihn

2. a. Ich komme mit meinem Mann. **b.** Herr Fuchs kommt mit seinem Sohn. **c.** Fräulein Schaumann kommt mit ihrem Chef. **d.** Herr Weiß kommt mit seinem Bruder. **e.** Karin kommt mit ihrem Freund. **f.** Er kommt mit seinem Vater. **g.** Sie kommt mit ihrem Mann.

3. a. Ich komme mit meiner Freundin. **b.** Herr Fuchs kommt mit seiner Frau. **c.** Monika kommt mit ihrer Mutter. **d.** Herr Sommerfeld kommt mit seiner Sekretärin. **e.** Frau Berg kommt mit ihrer Tochter. **f.** Ich komme mit meiner Frau.

4. a. mit deinem Vater **b.** mit deiner Mutter **c.** mit deinem Bruder **d.** mit deiner Sekretärin **e.** mit deinem Chef **f.** mit deinem Sohn

5. a. mit Ihrem Sohn **b.** mit Ihrer Tochter **c.** mit Ihrem Vater **d.** mit Ihrer Sekretärin **e.** mit Ihrem Bruder **f.** mit Ihrer Frau

6. a. in unserem Haus – mit eurem Sohn **b.** in unserer Wohnung – mit eurer Tochter **c.** in unserem Haus – mit eurer Mutter **d.** in unserem Hotel – mit eurem Bruder **e.** in unserer Wohnung – mit eurem Vater

7. a. In meinem Bett. **b.** In meinem Büro. **c.** In Ihrem Wagen. **d.** In unserer Wohnung. **e.** In unserem Wohnzimmer. **f.** In meiner Brieftasche. **g.** In seinem Hotel. **h.** In seinem Zelt.

8. a. ... am Sonntag ...? – Nein, sonntags machen wir immer einen Ausflug. **b.** ... am Montag ...? – Nein, montags spielen wir immer Fußball. **c.** ... am Dienstag ...? – Nein, dienstags fahren wir immer in die Stadt. **d.** ... am Mittwoch ...? – Nein, mittwochs gehen wir immer ins Theater. **e.** ... am Donnerstag ...? – Nein, donnerstags fahren wir immer nach Augsburg. **f.** ... am Freitag ...? – Nein, freitags arbeiten wir immer im Studio. **g.** ... am Samstag ...? – Nein, samstags spielen wir immer Tennis.

9. a. Sag ihnen, ich komme nächste Woche. **b.** Sag ihnen, ich rufe sie heute abend an. **c.** Sag ihnen, wir machen im Winter Urlaub. **d.** Sag Ihnen, ich komme um zwölf Uhr an.

10. **a.** Wir wünschen euch … **b.** Sie wünschen uns … **c.** Ich bringe euch … **d.** Wir bringen euch … **e.** Sie wünschen uns …

11. **a.** Er hat bei uns übernachtet und ist dann nach Wien weitergefahren. **b.** Er hat bei uns Kaffee getrunken und ist dann nach Hause gefahren. **c.** Er hat bei uns gegessen und ist dann ins Kino gegangen. **d.** Er hat bei uns ferngesehen und ist dann in die Stadt gefahren.

12. **a.** Können wir bei euch übernachten? **b.** Können wir bei euch bleiben? **c.** Kann er bei euch wohnen? **d.** Kann sie bei euch schlafen? **e.** Kann er bei euch arbeiten?

13. **a.** – **f.** …, kann ich bei Ihnen …

14. **a.** Kennst du ihren Mann? – Nein, den … **b.** Kennst du ihre Freundin? – Nein, die … **c.** Kennst du ihren Freund? Nein, den … **d.** Kennst du ihre Eltern? Nein, die … **e.** Kennst du ihren Bruder? Nein, den …

Lektion 14

Ferien	*Herr Kühn arbeitet nächste Woche nicht. Er hat Urlaub. Sein Sohn geht nächste Woche nicht zur Schule. Er hat Ferien.*
Konferenzzimmer	Konferenz = *Besprechung.* Siehe letzte Zeichnung in L 8.
das Frühstück	Mittagessen und Abendessen sind bekannt. *Was ißt man zum Frühstück? Ein Ei, Toast, Marmelade. Was trinkt man? Tee oder Kaffee.*
Reisebüro	*Das ist Frau Weber. Sie arbeitet im Reisebüro. Hier kann man Karten für die Stadtrundfahrt und Tickets für Flugreisen kaufen.*
aufräumen	*Manfred soll das Konferenzzimmer aufräumen. Er soll die Gläser* (Glas ist aus L 12 bekannt) *in die Küche bringen.*
Das soll nicht wieder vorkommen.	*Manfred will morgen pünktlich ins Hotel kommen* (zur Arbeit kommen).

Schlüssel 14 C

1. **a. – e.** Helfen Sie dem … Er ist allein im …

2. **a.** den Apfelsaft – Den … der Dame **b.** die Theaterprogramme – Die … der Dame **c.** das Frühstück – Das … dem Herrn **d.** die Karten – Die … dem Gast **e.** das Ticket – Das … dem Empfangschef **f.** den Brief – Den … der Sekretärin **g.** den Kaffee – Den … der Ansagerin

3. **a.** den Tee – Den Damen – Den Herren **b.** den Whisky – Den Herren – Den Damen **c.** das Abendessen – Den Mädchen – Den Damen **d.** den Kaffee – Den Journalisten – Den Reportern

4. **a.** den Herren – das Frühstück **b.** den Damen – den Tee **c.** den Gästen – den Kaffee **d.** den Damen – die Zeitung **e.** den Herren – die Karten **f.** den Damen – die Theaterprogramme **g.** den Herren – den Whisky

5. **a. – f.** … helfen Sie ihm!

6. **a. – e.** Sie wollte …, und Sie haben ihr … gebracht.

7. **a.** Sie sollen – Haben Sie **b.** er soll – Hat er **c.** sie soll – Hat sie **d.** Sie sollen – Haben Sie

8. **a. – c.** ihn sprechen – Sagen Sie ihm, er soll …

9. **a. – d.** sie sprechen – Sag ihr, ich rufe sie später an.

10. **a.** was wollte er – du sollst **b.** was wollte er – Sie sollen **c.** was wollte sie – Sie sollen **d.** was wollte sie – du sollst **e.** was wollte er – Sie sollen **f.** was wollte sie – Sie sollen **g.** was wollte er – du sollst

11. **a.** Beim Empfangschef **b.** Beim Zimmermädchen **c.** Beim Ober **d.** Bei Frau Weber **e.** Bei Herrn Kühn **f.** Bei Fräulein Heim **g.** Bei Herrn Meier

12. **a.** Sie sollten doch zu Frau Weber … **b.** Sie sollten doch zu Herrn Kühn … **c.** er sollte doch zum Reisebüro … **d.** sie sollte doch zum Hauptpostamt … **e.** Sie sollten doch zu Herrn Fuchs … **f.** er sollte doch zu Frau Berg … **g.** sie sollte(n) doch zum Supermarkt …

13. **a.** dein Vater – du sollst ihm (euer Vater – ihr sollt ihm) **b.** dein Chef – du sollst ihm (euer Chef – ihr sollt ihm) **c.** dein Bruder – du sollst ihm (euer Bruder – ihr sollt ihm) **d.** deine Mutter – du sollst ihr (eure Mutter – ihr sollt ihr) **e.** deine Freundin – du sollst ihr (eure Freundin – ihr sollt ihr)

Lektion 15

Geburtstag

Wir haben jetzt das Jahr 19 ... . Renate ist 19 ... geboren. (Die Struktur: *Wann sind Sie geboren?* kann hier eingeführt und aktiviert werden.) *Sie hat ihren dreiundzwanzigsten Geburtstag.*

sich verabreden

Dieter hat gefragt: Kommst du morgen zum Abendessen ins Restaurant? Renate hat geantwortet (!): *Ja, gern. Dieter hat sich mit ihr zum Abendessen verabredet.*

Schwarz steht dir nicht.

Lehrer zeigt auf eine Schülerin, die einen schwarzen, grünen, gelben oder roten Pullover trägt (oder ein Kleid in einer dieser Farben): *Sie hat ein rotes, schwarzes, grünes,* etc. *Kleid (Pullover).* G *Rot steht ihr gut.*

Ich habe dir *was* mitgebracht.

Siehe Lehrerheft, S. 39 unten.

Oh, zeig mal.

G: Lehrer zeigt ein Buch, zeigt auf eine Zeichnung, etc. *Ich zeige auf das Bild. Ich zeige ihm das Buch.*

Rate mal.

Renate fragt: Ist das Geschenk groß, ist es klein, ist es schwer, ist es leicht? Dieter antwortet: Das sage ich nicht. Du mußt raten. Sie muß raten.

groß, klein, schwer, leicht,
Farbadjektive
teuer, billig

Durch G und Zeigen verdeutlichen. *Eine Handtasche kostet 20 Mark. Das ist billig. Ein Sportwagen kostet 10 000 Mark. Das ist teuer.*

Die Übungen 15 C, 1 und 15 C, 2 lehnen sich an das bekannte Rate-Spiel „Ich sehe was, was du nicht siehst" an, das deutsche Kinder gern spielen. Es geht folgendermaßen:

Ich sehe was, was du nicht siehst, und das ist rund (weiß, rot, etc.). Die Kinder versuchen jetzt, den Gegenstand zu erraten, der übrigens im Zimmer sein muß. Das Spiel kann mit Farben variiert werden. Es läßt sich an dieser Stelle nur begrenzt verwenden, weil noch verhältnismäßig wenig Nomen bekannt sind, die sich dafür eignen. Nach der folgenden Lektion (L 16) kann es zur Wiederholung im Zusammenhang mit den dort eingeführten Kleidungsstücken gespielt werden.

Die Übung 15 C, 12 ist eine Leseübung für das Datum, in der die Monatsnamen auch gegen die Ordinalzahlen ausgetauscht werden können. (*Wann gehen Sie skifahren? Am achten Ersten.* etc.)

Schlüssel 15 C

1. a. – c. Ist das Geschenk ...? – Nein, es ist ...

2. a. ein/kein weißes Kleid, Schloß, Haus, Auto, Klavier, Telefon **b.** eine/keine weiße Pelzjacke, Gitarre **c.** ein/kein weißer Sportwagen, Fußball, Teppich **d.** Ist es eine weiße Handtasche? Ja, es ist eine weiße Handtasche.

3. a. ein großes, teures, kleines Schloß **b.** einen roten, grünen, weißen, teuren Sportwagen **c.** eine braune, weiße, teure, schwarze Handtasche **d.** ein langes, teures, weißes Kleid

4. a. einen gelben – nur schwarze **b.** eine billige – nur teure **c.** ein schwarzes – nur braune

5. a. keine roten – nur grüne; keine weißen – nur braune; keine grünen – nur rote **b.** keine gelben – nur schwarze; keine kleinen – nur große; keine schwarzen – nur weiße **c.** keine billigen – nur teure; keine weißen – nur gelbe; keine großen – nur kleine

6. a. hat Renate einen goldenen Ring **b.** hat seinem Bruder einen weißen Fußball **c.** habe meiner Freundin einen grünen Pullover **d.** hat seiner Frau ein teures Buch **e.** hat seiner Sekretärin eine schwarze Handtasche

7. a. – f. Ich wünsche mir ...; Wir wünschen uns ...

8. a. seiner Freundin – er ihr **b.** seinem Sohn – er ihm **c.** seiner Freundin – er ihr **d.** seiner Frau – er ihr **e.** seinem Bruder – er ihm **f.** seinen Kindern – er ihnen **g.** seiner Frau – er ihr **h.** ihrem Mann – sie ihm **i.** ihrem Chef – sie ihm **j.** ihrem Freund – sie ihm

9. a. Triffst du – ich habe mich mit ihr **b.** Treffen Sie – ich habe mich mit ihm **c.** Treffen Sie – ich habe mich mit ihr **d.** Trifft er – er hat sich mit ihm **e.** Triffst du – ich habe mich mit ihm **f.** Trifft Brigitte – sie hat sich mit ihr **g.** Trifft sie/treffen sie – sie hat sich/sie haben sich mit ihm

10. a. Schwarz **b.** Grün **c.** Rot **d.** Weiß

11. a. Einen roten Sportwagen – einen goldenen Ring **b.** Eine schwarze Pelzjacke – eine schwarze Handtasche **c.** Ein weißes Schloß – einen gelben Pullover **d.** Einen goldenen Ring – ein kleines Buch **e.** Ein weißes Klavier – eine teure Platte

12. a. Wann gehen Sie skifahren? – Am ersten Januar. **b.** Wann fahren Sie in Urlaub? – Am zehnten Februar. **c.** Wann fahren Sie nach Teheran? – Am fünfzehnten März. **d.** Wann fahren Sie nach Spanien? – Am elften April. **e.** Wann fliegen Sie nach Südamerika? – Am zwölften Mai. **f.** Wann kommen Sie nach Wien? – Am fünfzehnten Juni. **g.** Wann treffen Sie Herrn Kühn? – Am sechzehnten Juli. **h.** Wann kommen Sie aus Italien zurück? – Am zweiten August. **i.** Wann reisen Sie in die Schweiz? – Am fünfundzwanzigsten September. **j.** Wann haben Sie Geburtstag? – Am dritten Oktober. **k.** Wann kaufen Sie das Haus? – Am sechzehnten November. **l.** Wann gehen Sie ins Konzert? – Am sechzehnten Dezember.

Die Lektionen 16–24 mit Schlüssel

Die Lektionen 16–24 stellen den dritten Layout-Typus des Buches dar, der durch wenige größere Zeichnungen und größere Textzusammenhänge gekennzeichnet ist. Nach dem Einhören in die Lektion über das Tonband (nach wie vor wichtig, da weiterhin Dialog vorkommt und sich die Schüler andererseits auch in die Textstruktur einer Erzählung im Präteritum einhören sollen) bereitet die Texterschließung keine Schwierigkeiten mehr, zumal das morphologische Pensum dieser Lektionen geringer ist.

Lektion 16

Kurze Unterbrechung

Überschrift nach Texterschließung besprechen. *Herr Neumann war 6*

Wirtschaft mit Garten

Monate verreist, er hat nicht gearbeitet. Er hat seine Arbeit 6 Monate unterbrochen (unterbrechen kommt in L 17, kann hier vorweggenommen werden).

Wirtschaft mit Garten

Restaurant auf dem Lande. (*Land* ist nicht im Text, kann aber als Gegensatz zur *Stadt* eingeführt werden.) Als Gegensatz zu Wirtschaft: das Restaurant in der Stadt in L 5. Garten: siehe Zeichnung. *Das ist ein Garten.* Siehe Zeichnung L 22: *Das ist auch ein Garten.*

Spaziergänger

Sonntags gehen die Leute zu Fuß. Sie fahren nicht mit dem Auto. Sie sind Spaziergänger. Wissen Sie noch, warum Herr Fuchs zu Fuß ging? Er ging zu Fuß, weil sein Auto kaputt war. Er wollte nicht spazierengehen, er mußte zu Fuß gehen.

Kaufhaus, Anzüge, Oberhemden, etc.

Gegenstände zeigen, bzw. Tafelzeichnung *(Regenschirm). Sie wissen, was ein Koffer ist.* (Zeichnung 4, L 13). *Das Auto hat einen Kofferraum* (L 9).

Die Gäste waren neugierig.

Ich frage Sie: Wie heißen Sie? Wo wohnen Sie? Haben Sie viel Geld? Sind Sie verheiratet? Was sind Sie von Beruf? etc. *Ich bin neugierig.*

Sie waren ja lange unterwegs.

Wie lange waren die Studenten von Wien nach Teheran unterwegs? (L 9).

Weltreise

Eine Reise um die Welt. Tafelzeichnung.

Europa, Asien, etc.

Wo wohnen Sie? Kennen Sie eine Stadt in Europa, Asien? etc. *Wo liegt Brasilien? Wo liegt die Schweiz? Wo liegt Österreich? Wo liegt die Bundesrepublik? Wo liegt die DDR?* etc.

65

In 16 C 4 kommen in Verbindung mit den Monatsnamen Städte vor, die nicht im Text erwähnt sind. Die Übung ist absichtlich als einfache Leseübung gehalten. Sie sollte von jeweils zwei Schülern durchgemacht werden.

Schlüssel 16 C

1. a. eine große Wohnung **b.** ein teures Auto **c.** ein weißes Schloß **d.** ein großes Hotel **e.** ein großes Konferenzzimmer **f.** ein teures Wohnzimmer.

2. a. es ist neu – ein neues Schild **b.** er ist neu – ein neuer Wagen **c.** er ist neu – ein neuer Pullover **d.** es ist neu – ein neues Büro **e.** er ist neu – ein neuer Anzug

3. a. dann tranken wir Kaffee **b.** dann aßen wir Eis **c.** dann tranken wir Bier **d.** dann aßen wir Kuchen

4. a. – l. Im ... schrieb er aus ...

5. a. Warum bestellte er ... **b.** Warum fuhr er ... **c.** Warum kaufte er ... **d.** Warum bestellte er ... **e.** Warum ging er ... **f.** Warum ging er ... **g.** Warum fuhr er .. **h.** Warum ging er ...

6. a. – d. brachte seinen/ihren; brachten unseren/ihren

7. a. – e. Ich gehe ... Ich bin ...

8. a. nahmen ... bestellten **b.** packten ... fuhren **c.** sagten ... gingen **d.** sagten ... stiegen aus

9. a. – d. ging/fuhr

10. a. ich kam/wir kamen **b.** er kam **c.** ich kam/wir kamen **d.** ich kam/wir kamen **e.** ich kam/wir kamen **f.** ich kam/wir kamen **g.** ich kam/wir kamen

11. a. – e. Waren Sie schon einmal in ...? – Ja, da war ich im ...

12. a. den brauchen wir **b.** den brauche ich nicht **c.** den brauche ich **d.** die brauche ich nicht **e.** die habe ich eingepackt **f.** die packe ich nicht ein **g.** den nehme ich nicht mit **h.** die habe ich eingepackt **i.** die habe ich eingepackt

13. a. – e. geschlossen

14. Die Antworten zu dieser Übung können frei formuliert werden.

Test 4 Schlüssel

A. 1 – 3 – 2 – 4 – 5 – 5 – 5
B. 3 – 2 – 1 – 4 – 3 – 2
C. 2 – 3 – 1 – 4 – 2 – 4 – 3
D. 1 – 1 – 2 – 1 – 2
E. 1 – 1 – 2 – 4 – 5 – 4 – 3 – 6
F. 2 – 3 – 1 – 3 – 1
G. 1 – 3 – 4 – 2 – 3 – 1 – 3
H. 4 – 1 – 3 – 2 – 4
I. 3 – 1 – 2 – 2 – 1 – 1
J. 2 – 2 – 2 – 1 – 1 – 1 – 2
K. 1 – 3 – 2 – 1

Lektion 17

braungebrannt

Wir haben uns gut erholt.

Adria, Italien, Rhein, Norddeutschland.
Frankfurt, Mainz, Köln, Hannover, Hamburg, Rüdesheim, Aachen, Helgoland

Im Zusammenhang mit *wunderbares Wetter, jeden Tag Sonne!* erläutern. *Herr Meier hat 14 Tage Urlaub gemacht. Er hat 14 Tage nicht gearbeitet. Er hat sich gut erholt.* Zeichnung und LK

Zeichnung und LK, im Bildanhang Bild 3 Köln, Bild 5 Rüdesheim, Bild 11 Hamburg, Bild 12 Hannover, Bild 14 der Flughafen in Frankfurt, Bild 21 Aachen. Helgoland auf der Landkarte zeigen. Das Wort *Insel* kommt im Text nicht vor, kann aber eingeführt werden. Altona ist ein Stadtteil von Hamburg. Die Reeperbahn ist ein Vergnügungsviertel in Hamburg. Allerdings nicht zu verwechseln mit Coney-Island, dem Tivoli in Kopenhagen, dem Prater in

67

Wien und ähnlichen Einrichtungen. Klassenausflüge zur Reeperbahn sind nicht zu empfehlen.

Schlüssel 17 C

1. **a.** Der neue Wein – Leider ist er **b.** Der rote Sportwagen – Leider ist er **c.** Die goldene Uhr – Leider ist sie **d.** Die neue Wohnung – Leider ist sie **e.** Das neue Haus – Leider ist es

2. **a.** ... der neue Flughafen? – Er gefällt mir ... **b.** ... das neue Rathaus? – Es gefällt mir ... **c.** ... die neue Wohnung? – Sie gefällt mir ... **d.** ... das neue Auto? – Es gefällt mir ... **e.** ... der neue Chef? – Er gefällt mir ... **f.** ... die neue Handtasche? – Sie gefällt mir ...

3. **a.** den neuen Wein schon probiert **b.** das neue Rathaus schon besichtigt **c.** den neuen Flughafen schon gesehen **d.** die neue Wohnung schon besichtigt **e.** den neuen Wagen schon gekauft **f.** das neue Telefon schon gebracht **g.** das neue Kaufhaus schon gesehen

4. **a.** den neuen Wagen **b.** das neue Klavier **c.** die schwarze Pelzjacke **d.** den neuen Kühlschrank

5. **a.** Meinen ... verbringe ich **b.** Seinen ... verbringt er **c.** Ihren ... verbringt sie **d.** Unseren ... verbringen wir

6. **a.** Sind Sie ...? – ich bin **b.** ist er ...? – er ist **c.** ist sie/sind sie ...? – sie ist/sind **d.** ist er ...? – er ist **e.** bist du ...? – ich bin **f.** ist er ...? – er ist

7. **a.** Meinem Sohn ... eine Gitarre **b.** Meiner Frau ... ein paar Schuhe **c.** Meiner Tochter ... eine Handtasche **d.** Meiner Freundin ... zwei Pullover

8. **a. – f.** Er hat eine Rundreise durch ganz ... gemacht.

9. **a.** dich **b.** Sie **c.** Sie **d.** dich **e.** Sie

10. **a.** Wir haben ... unterbrochen – Dort sind wir ... geblieben. **b.** Ich habe ... unterbrochen – Dort bin ich ... geblieben. **c.** Er hat ... unterbrochen – Dort ist er ... geblieben. **d.** Wir haben ... unterbrochen – Dort sind wir ... geblieben. **e.** Sie haben/sie hat ... unterbrochen – Dort sind sie/ist Sie ... geblieben.

11. **a.** Herr Neumann hat – Da hat er **b.** Frau Berg hat – Da hat sie **c.** Hans und Eva Kaufmann haben – Da haben sie **d.** Wir haben – Da haben wir **e.** Die Studentin hat – Da hat sie

12. **a.** die Rückfahrt **b.** eine Hafenrundfahrt **c.** eine Theaterkarte **d.** das Taxi **e.** das Flugticket **f.** einen Kaffee

13. **a.** den Dom **b.** das Museum **c.** den Hafen **d.** den Dom **e.** die Innenstadt **f.** den Flughafen **g.** das Rathaus

14. **a. – d.** Peter ist per Anhalter durch ganz ... gefahren.

15. **a.** Was hat Herr Weiß ... gemacht? Er ist ... geflogen. **b.** Was hat Ihre Frau ... gemacht? – Sie hat ... gemacht. **c.** Was hat Ihr Sohn ... gemacht? – Er hat ... besichtigt. **d.** Was hat Brigitte ... gemacht? – Sie ist ... gefahren. **e.** Was haben die Kinder ... gemacht? – Sie haben ... besichtigt.

16. **a. – e.** Ich bin schon durch ganz ... gereist, aber in ... war ich erst ein einziges Mal.

17. **a. – d.** In ... hatten wir wunderbares Wetter. – Hier hat es ... geregnet.

18. **a.** Ihnen – mir **b.** Herrn Baumann – ihm **c.** dir – mir/Brigitte – ihr **d.** Ihnen – mir/Frau Kühn ihr **e.** Ihrer Frau – ihr **f.** Ihrem Sohn – ihm **g.** Ihrer Tochter – ihr **h.** Hans und Eva Kaufmann – ihnen **i.** Ihren Kindern – ihnen

Lektion 18

Weser-Kurier	*Der Weser-Kurier ist eine Zeitung* (Erscheinungsort Bremen).
Betr.:	Betrifft: (Formel bei Geschäftsbriefen. Der Betreff.)
Anzeige	Siehe Faksimile.
Seefahrtschule	Der Begriff wurde nicht wegen seines realen Gebrauchswertes gewählt, sondern wegen der vielen Zusammensetzungsmöglichkeiten mit Schule. (Oberschule, Realschule, Kunstschule, Musikschule, etc.)
öffentliche Verkehrsmittel	*Der Bus, der Zug und das Flugzeug sind öffentliche Verkehrsmittel.*
Hegelstraße, Werderstraße	Georg Wilhelm Friedrich Hegel (dt. Philosoph, 1770–1831) Werder: urspr. „Flußinsel".

14 qm	1 qm = 10,627 Quadratfuß
die Weser	LK, siehe auch L 16. Der dargestellte Fluß ist die Weser. Das Wort *Fluß* ist nicht im Text, kann aber im Zusammenhang mit dem Rhein und der Weser eingeführt werden.
Post, Bank, Querstraße	Siehe Zeichnung.
Arzt, Praxis	*Herr Kühn arbeitet in seinem Büro. Der Arzt arbeitet in seiner Praxis.* (Ü)
Apotheke	Ü
Haustiere	Vorgriff auf die Zeichnung von L 22: *Das ist ein Hund. Ein Hund ist ein Haustier.*
verboten	*Ich möchte gern einen Hund kaufen. Aber ich kann nicht. In unserem Haus sind Haustiere verboten. Ich möchte gern eine Zigarette rauchen, aber ich darf nicht. Hier ist Rauchen verboten.*
Zuschriften	*Viele Leute interessieren sich für das Zimmer. Sie haben an Frau Meyerdierks geschrieben. Frau Meyerdierks hat viele Zuschriften bekommen.*

Die Formalien des deutschen Briefes sind in der Lektion nicht erwähnt. Sie seien hier der Vollständigkeit halber gegeben. Der *Absender,* der *Empfänger,* die *Postleitzahl,* der *Ort,* die *Straße,* das *Datum.* Der *Betreff* (bei Geschäftsbriefen), die *Anrede,* die *Schlußformel* (Grußformel). Bei Zuschriften auf Anzeigen, an Behörden und Firmen schreibt man *Sehr geehrte Herren.* Die Schlußformel lautet *Mit vorzüglicher Hochachtung* oder *Hochachtungsvoll* bei Empfängern, die man besonders auszeichnen möchte. *Mit besten Empfehlungen* ist eine Formel, die ohne Gefahr allgemein verwendet werden kann, vorausgesetzt, daß man den Empfänger nicht duzt. *Mit freundlichen Grüßen* ist eine informelle Wendung, die im privaten Briefverkehr zwischen Partnern angewendet wird, die sich siezen.

Schlüssel 18 C

1. a. Er schreibt, daß wunderbares Wetter ist. **b.** Er schreibt, daß es ihm gut geht. **c.** Sie schreibt, daß es jeden Tag regnet. **d.** Sie schreibt, daß sie ein ruhiges Zimmer hat. **e.** Er schreibt, daß das Essen billig ist. **f.** Er schreibt, daß er seinen Mantel braucht, weil es regnet.

2. a. daß ich Akkordeon spiele **b.** daß ich Klavier spiele **c.** daß ich Gitarre spiele **d.** daß ich Nichtraucher bin **e.** daß ich Fußball spiele **f.** daß ich verheiratet bin **g.** daß ich zwei Kinder habe **h.** daß ich kein Geld habe **i.** daß ich alleinstehend bin

3. a. – f. Sie waren doch schon einmal in ... Wissen Sie, wie weit es bis ... ist? – Ich weiß es nicht genau, aber mit dem ... brauchen Sie etwa ...

4. a. daß sie eine Million gewonnen haben **b.** daß die Miete 80 Mark monatlich ist **c.** daß das Zimmer 80 Mark monatlich kostet **d.** daß das Flugzeug nach New York jeden Tag um 11 Uhr 20 geht **e.** daß Sie nächste Woche in Berlin anfangen können

5. a. Wenn Sie ein Zimmer suchen, müssen Sie ... – Wenn Sie das Zimmer wollen, müssen Sie ... **b.** Wenn er ein Auto sucht, muß er ... – Wenn er das Auto will, muß er ... **c.** Wenn Sie ein Klavier suchen, müssen Sie ... – Wenn Sie das Klavier wollen, müssen Sie ... **d.** Wenn du einen Wagen suchst, mußt du ... – Wenn du den Wagen willst, mußt du ... **e.** Wenn ihr eine Wohnung sucht, müßt ihr ... – Wenn ihr die Wohnung wollt, müßt ihr ... **f.** Wenn sie eine Gitarre sucht/suchen, muß sie/müssen sie ... – Wenn sie die Gitarre will/wollen, muß sie/müssen sie ...

6. a. für das Zimmer ... schreiben Sie bitte sofort **b.** für das Haus ... rufen Sie bitte sofort an **c.** für den Wagen ... teilen Sie *es* bitte sofort mit **d.** für das Klavier ... kommen Sie bitte sofort **e.** für das Buch ... sagen Sie *es* bitte sofort

7. a. wo die Seefahrtschule ist **b.** wo das Theater ist **c.** wo das Hauptpostamt ist **d.** wo der Flughafen ist **e.** wo der Dom ist **f.** wo das Museum ist **g.** wo der Hafen ist **h.** wo die Straßenbahnhaltestelle ist **i.** wo die Bank ist **j.** wo die Post ist

8. a. bis zur Schule **b.** bis zum Restaurant **c.** bis zum Rathaus **d.** bis zum Hauptpostamt **e.** bis zum Hauptbahnhof

9. **a. – e.** Das ist aber viel (nicht wenig).

10. **a.** Hat er ..., daß er Klavier spielt? – Ja, er hat ... **b.** Hat sie/haben sie ..., daß sie Gitarre spielt/spielen? – Ja, sie hat/sie haben ... **c.** Haben wir ..., daß wir Fußball spielen? – Ja, ihr habt ... **d.** Hat sie/haben sie ..., daß sie Akkordeon spielt/spielen? – Ja, sie hat/haben ...

11. **a.** Am siebzehnten Dezember **b.** Am ersten März **c.** Am zweiten Mai **d.** Am vierten Juni **e.** Am fünften September **f.** Am siebten August

12. **a.** Ich muß zum Hauptbahnhof. Soll ich ein Taxi nehmen? Nein, Sie können zu Fuß gehen. **b.** Er muß zum Rathaus. Soll er den Bus nehmen? Nein, er kann zu Fuß gehen. **c.** Sie muß/sie müssen zum Schloßplatz. Soll sie/sollen sie ein Taxi nehmen? Nein, sie kann/sie können zu Fuß gehen. **d.** Wir müssen zum Flughafen. Sollen wir den Bus nehmen? Nein, Sie können zu Fuß gehen. **e.** Eva muß zum Arzt. Soll sie die Straßenbahn nehmen? Nein, sie kann zu Fuß gehen.

13. **a.** Mein Hotel liegt direkt am Dom. **b.** Seine Wohnung liegt direkt an der Weser. **c.** Mein Zimmer liegt direkt am Rhein. **d.** Mein Restaurant liegt direkt in der Innenstadt. **e.** Mein Büro liegt direkt am Hafen.

14. **a. – e.** Ja, in der Nähe ist ...

Lektion 19

Der Olympiapark	Siehe Bild 13 im Bildanhang.
Besichtigung	*Besichtigen* in Lektion 9.
Fernsehturm	Siehe Bild 13.
Frauenkirche	Siehe Bild 1 im Anhang und L 1.
100 Kilometer	1 Kilometer (km) = 0,62137 Meile
das Olympische Dorf	Das Wort *Dorf* kommt nur in dieser Kombination vor. Falls von der Situation her geraten, auch die normale Bedeutung erläutern *(Hamburg ist eine Stadt. ... ist ein Dorf. Wir wohnen in einem Dorf.).*
die Alpen	Siehe Zeichnung + LK.
das größte Dach der Welt, das größte Stadion der Bundesrepublik,	Der Genitiv wird im ersten Band nur in dieser Form gebracht (*der im*

die Verwaltung der Bayerischen Motorenwerke

das Atom-Ei

raten

Singular und Plural). Er wird nicht systematisiert, sondern formelhaft gelernt.

Von der Bevölkerung so benannt nach seiner Eiform. Ein Atom-Reaktor zur Erforschung der friedlichen Verwendung der Atom-Energie. Siehe Zeichnung.

Raten war in Lektion 15 in der normalen Bedeutung da, jetzt wird *jemanden etwas raten* eingeführt. Im Rückgriff auf 15 den Unterschied klar machen. *Was habe ich hier?* (Irgendeinen kleinen Gegenstand in die Hand nehmen, beispielsweise eine Armbanduhr.) *Raten Sie mal. Ist es ein Ring? Nein, es ist kein Ring. Ist es eine Uhr? Ja, es ist eine Uhr. Sie haben richtig geraten. Sie haben Hunger? Ich rate Ihnen, gehen Sie in das Hotel Vier Jahreszeiten. Dort kann man gut essen.*

Bisher vorgekommene Zusammensetzungen:

a. rund – die Reise: die Rundreise; privat – die Wohnung: die Privatwohnung; groß – die Stadt: die Großstadt; innen – die Stadt: die Innenstadt **b.** der Fußball – der Platz: der Fußballplatz; der Hafen – die Rundfahrt: die Hafenrundfahrt; der Motor (die Motoren) – die Werke (das Werk): die Motorenwerke; der Flughafen – die Verwaltung: die Flughafenverwaltung; der Dampfer – die Fahrt: die Dampferfahrt **c.** die Stadt – der Plan: der Stadtplan; die Seefahrt – die Schule: die Seefahrtschule; die Miete – die Wohnung: die Mietwohnung; das Eis – das Stadion: das Eisstadion; die Presse – die Stadt: die Pressestadt **d.** das Taxi – die Zentrale: die Taxizentrale; das Telefon – die Zentrale: die Telefonzentrale **e.** die

Forschung – der Reaktor: der Forschungsreaktor; das Eigentum – die Wohnung: die Eigentumswohnung

Schlüssel 19 C

1. a. so groß wie **b.** so teuer wie **c.** so schnell wie **d.** so groß wie

2. a. Dann ist er höher als ... **b.** Dann ist es höher als ... **c.** Dann ist sie höher als ... **d.** Dann ist es höher als ...

3. a. ist noch schöner **b.** ist noch schneller **c.** ist noch interessanter **d.** ist noch teurer

4. a. Es ist aber kleiner als ... **b.** Er ist aber kleiner als ... **c.** Es ist aber kleiner als ... **d.** Sie ist aber kleiner als ...

5. a. Das schnellste Flugzeug fliegt ... **b.** Die größte Wohnung ist ... **c.** Der höchste Turm ist ... **d.** Das teuerste Auto kostet ...

6. a. – e. ... ist größer

7. a. Eva ist erst um 12 Uhr nach Hause gekommen. Darf sie das denn? Natürlich nicht. Sagen Sie niemand, daß sie erst um 12 Uhr nach Hause gekommen ist. **b.** Hans hat in der Schule geraucht. Darf er das denn? Natürlich nicht. Sagen Sie niemand, daß er in der Schule geraucht hat. **c.** Die Kinder haben im Garten Fußball gespielt. Dürfen sie das denn? Natürlich nicht. Sagen Sie niemand, daß sie im Garten Fußball gespielt haben. **d.** Rolf hat eine ganze Flasche Wein getrunken. Darf er das denn? Natürlich nicht. Sagen Sie niemand, daß er eine ganze Flasche Wein getrunken hat. **e.** Fritz hat das Auto genommen. Darf er das denn? Natürlich nicht. Sagen Sie niemand, daß er das Auto genommen hat.

8. a. ... den Fernsehturm? Der steht ... – Der Fernsehturm, den Sie dahinten sehen, steht im Olympiapark. **b.** ... das Gebäude? Das steht ... – Das Gebäude, das Sie dahinten sehen, steht am Hauptbahnhof. **c.** ... die Kirche? Die steht ... – Die Kirche, die Sie dahinten sehen, steht in der Innenstadt. **d.** ... das Auto? Das fährt ... – Das Auto, das Sie dahinten sehen, fährt in Richtung Salzburg.

9. a. ... die Alpen, die ... **b.** ... das Atom-Ei, das ... **c.** ... den Fernsehturm, der ... **d.** ... die Frauenkirche, die ...

10. a. das schönste Geschenk, das ich je bekommen habe **b.** das größte Geschenk, das ich je bekommen habe **c.** das höchste Gebäude, das ich je gesehen habe **d.** das teuerste Geschenk, das ich je gekauft habe **e.** das größte Dach, das ich je gesehen habe

11. a. räumt ihr auf **b.** macht ihr die Hausaufgaben **c.** helft ihr dem Vater **d.** bringt ihr den Brief zur Post **e.** holt ihr Zigaretten

Lektion 20

diskutieren	*Wir wollen über ein interessantes Buch sprechen.*
Lokführer der Bundesbahn	Siehe Zeichnung. Die Bundesbahn = die staatliche Eisenbahngesellschaft.
die Verantwortung	*Ich bin Lehrer. Ich habe die Verantwortung für meine Studenten. Der Lokführer hat die Verantwortung für die Menschen, die mit dem Zug fahren. Der Flugkapitän hat die Verantwortung für die Passagiere, die mit dem Flugzeug fliegen.*
die Lufthansa	Deutsche Luftfahrtgesellschaft.
das Verhältnis	*Nehmen wir an, ein Lokführer verdient 1969 monatlich 1200 Mark und ein Flugkapitän verdient 5000 Mark. 1973 verdient der Lokführer vielleicht 1500 Mark und der Flugkapitän 6200 Mark. Der Lokführer verdient mehr, aber der Flugkapitän verdient auch mehr. Das Verhältnis stimmt noch.*

Diese Lektion dient dazu, das Diskussionsvokabular klarzumachen: diskutieren, etwas richtig finden, wissen, meinen, annehmen, etc. Um die Anwendung zu üben, sollte man den Vorwurf des Textes sofort in ein der Situation entsprechendes Diskussionsthema verwandeln, wobei auch ein paar neue Begriffe und Berufe eingeführt werden können. Die Vokabel *Arbeiter* kommt beispielsweise im ersten Band nicht vor (*Arbeit* ist vorhanden), kann aber an dieser Stelle eingeführt werden. Wir haben den Begriff des Arbeiters, der gerade bei dieser Diskussion nahegelegen hätte, absichtlich nicht eingeführt, weil Formulierungen wie etwa: „der Durchschnittsverdienst eines Arbeiters" zu vage sind und insgesamt ein falsches Bild ergeben. Für die bei diesem Thema notwendigen Differenzierungen fehlt es auf dieser Stufe noch an Ausdrucksmöglichkeiten.

Schlüssel 20 C

1. a. Was wünschen Sie sich ...? – Ich wünsche mir einen längeren Urlaub. **b.** Was wünscht ihr euch ...? – Wir wünschen uns ein höheres Gehalt. **c.** Was wünschst du dir ...? – Ich wünsche mir einen interessanteren Beruf. **d.** Was wünscht er sich ...? – Er wünscht sich ein größeres Auto. **e.** Was wünscht sie sich/was wünschen sie sich ...? – Sie wünscht sich/sie wünschen sich eine größere Wohnung.

2. a. einen interessanteren Beruf **b.** eine größere Wohnung **c.** ein schnelleres Auto **d.** eine höhere Miete **e.** ein höheres Gehalt

3. a. – e. Sind Sie dafür (dagegen), daß ... mehr verdient (weniger verdient) ...

4. a. warum die Wirtschaft geschlossen ist? – weil Herr Neumann verreist ist **b.** warum die Polizisten so wenig verdienen? – weil der Staat kein Geld hat **c.** warum die Studenten in den Ferien arbeiten? – weil ihre Ausbildung sehr teuer ist **d.** warum Herr Meier nach Rüdesheim gefahren ist? – weil er den neuen Wein probieren wollte

5. a. ob die Maschine nach Köln gestartet ist? – sie ist um ... gestartet **b.** ob Herr Neumann sich einen neuen Sportwagen gekauft hat? – er hat sich ... gekauft **c.** ob Herr Meier im Urlaub in Italien war? – er war ... **d.** ob das Museum samstags geöffnet ist? – es ist ... **e.** ob das Restaurant sonntags geschlossen ist? – es ist ... **f.** ob die Straßenbahn zum Schloßplatz fährt? – sie fährt ...

6. a. daß das Olympiastadion halb so groß ist wie der Rote Platz **b.** daß der Fernsehturm fast so hoch ist wie der Eiffelturm **c.** daß eine Stewardeß mehr verdient als ein Polizist **d.** daß an der Adria jeden Tag wunderbares

Wetter ist **e.** daß man in Deutschland auf den Autobahnen sehr schnell fährt

7. **a.** wo der Hauptbahnhof ist **b.** warum Herr Meier nicht kommt **c.** wieviel ein Flugkapitän verdient **d.** was sich Renate wünscht **e.** warum die Maschine nicht fliegt

8. **a.** ihm **b.** ihr **c.** ihnen **d.** Ihnen **e.** ihr

9. **a.** daß ein Polizist nur 800 Mark verdient **b.** daß Mädchen nicht studieren dürfen **c.** daß Frauen nicht Auto fahren dürfen **d.** daß Kinder kein Eis essen dürfen

10. **a. – d.** Sind Sie dafür ...? – Ja, ich bin dafür (Nein, ich bin dagegen), daß ...

11. **a.** das Wetter **b.** den Sport **c.** die Schule **d.** die Beatmusik **e.** die Arbeit **f.** die Mädchen

12. **a.** Herr Neumann verdient 5000 Mark im Monat, aber er hat trotzdem kein Geld, weil er sich jedes Jahr einen neuen Wagen kauft. **b.** Herr Meier hat ein großes Haus, aber er hat trotzdem keinen Platz, weil er acht Kinder hat. **c.** Herr Weiß verdient nicht viel, aber er arbeitet trotzdem gern, weil er einen interessanten Beruf hat. **d.** Herr Neubauer hat nicht viel Zeit, aber er fährt trotzdem nach Bremen, weil er seinen Freund dort treffen will.

Test 5 Schlüssel

A.   2 – 3 – 1 – 3 – 1 – 2 – 1
B.   3 – 3 – 4 – 2 – 1 – 1 – 4 – 2 – 4 – 3
C.   3 – 2 – 1 – 1 – 2 – 2 – 3
D.   2 – 2 – 1 – 2 – 2
E.   1 – 3 – 2 – 1 – 2 – 3
F.   3 – 2 – 3 – 1
G.   3 – 2 – 1 – 1 – 2
H.   1 – 3 – 2 – 3 – 3 – 1 – 2 – 3
I.   1 – 3 – 1 – 2 – 3

Folgende Abweichung ist grammatisch richtig: B. **h** 4 (wann)

Lektion 21

Die Idee zu dieser Lektion haben wir dem Gedicht „Gescheiterte Sammlung" von Eugen Roth entnommen (Carl Hanser Verlag, München). Sie stellt natürlich eine maßlose Übertreibung dar, denn Beethovens Neunte Sinfonie, entstanden 1823, stellt mit einer Stunde Spieldauer das längste sinfonische Werk dar. In dieser Lektion geht es, wie schon in L 16, darum, den Schülern ein Gefühl für das Präteritum als Erzählzeit zu vermitteln, die zwar für das Leseverständnis wichtig ist, im mündlichen Gebrauch aber vorläufig keine Rolle spielt. Vokabeln wie die *Steuererklärung, Finanzamt, Dirigent* und *Publikum* werden natürlich nicht aktiviert.

Schlüssel 21 C

1. **a. – d.** Nein, aber ...

2. **a.** weil ich ... gespart hatte **b.** weil er ... gelernt hatte **c.** weil sie ... verkauft hatte **d.** weil wir ... nachgesehen hatten **e.** weil ich ... verdient hatte

3. **a.** weil mein Auto kaputt war **b.** weil sein Taxi nicht kam **c.** weil sie wenig Zeit hatte **d.** weil ich die Musik gräßlich fand **e.** weil sie ins Theater wollte **f.** weil wir die Komponisten nicht kannten **g.** weil er die Sinfonie gut kannte **h.** weil ich die Stadt nicht kannte

4. **a.** kennt ihn **b.** kennt sie **c.** kennt ihn **d.** kennt ihn

5. **a.** ich fand sie **b.** er fand es **c.** sie fanden ihn **d.** sie fand es

6. **a.** Während Herr Kreuzer das Programm las, kamen die Musiker auf die Bühne. **b.** Während das Taxi wartete, suchte Fräulein Heim das Ticket. **c.** Während wir Klavier spielten, sah mein Vater fern. **d.** Während wir telefonierten, kamen unsere Gäste.

7. **a.** Als es an der Tür klingelte, war Eva noch nicht fertig. **b.** Als der Dirigent den Stab hob, sah sich Herr Kreuzer um. **c.** Als die Sinfonie vorbei war, ging Herr Kreuzer zum Ausgang. **d.** Als die Besprechung vorbei war, räumte Manfred das Konferenzzimmer auf.

8. **a.** daß ich den Mann kenne **b.** daß wir dieses Jahr nach Italien fahren **c.** daß die Polizisten zu wenig verdienen **d.** daß der Staat die Polizisten besser bezahlen muß **e.** daß ein Lokführer eine große Verantwortung hat

9. **a.** Als ich im Zug saß, fiel mir ein, daß ich meinen Paß vergessen hatte. **b.** Als wir im Restaurant saßen, fiel uns ein, daß wir unsere Theaterkarten vergessen hatten. **c.** Als er im Taxi saß, fiel ihm ein, daß er sein Geld vergessen hatte. **d.** Als die Musiker im Flugzeug saßen, fiel ihnen ein, daß sie ihre Instrumente vergessen hatten. **e.** Als Herr Kreuzer in der Badewanne saß, fiel ihm ein, daß er seine Steuererklärung vergessen hatte.

10. **a.** Den Herrn ... seinen Namen – Der **b.** Den Mann ... seinen Namen – Der **c.** Die Dame ... ihren Namen – Die **d.** Die Frau ... ihren Namen – Die **e.** Der Herr ... seinen Namen – Der **f.** Die Dame .. ihren Namen – Die

11. **a. – e.** Ist das ...? – Nein, das ist ...

12. **a.** im Saal ... der **b.** im Restaurant ... das **c.** im Stadion ... das **d.** im Bus ... der **e.** im Flugzeug ... das

13. Die Antworten zu L 21 C 13 können weitgehend frei formuliert werden.

Lektion 22

nee	Umgangssprachliche Variante für „nein".
Skat und Doppelkopf	Beliebte Kartenspiele. Skat wird zu dritt, Doppelkopf zu viert gespielt. Es gibt jedes Jahr in der Bundesrepublik Skatmeisterschaften.
Hannover 96	Bekannter deutscher Fußballverein. Es ist kein Zufall, daß immer wieder der Fußball als Sportart genannt wird. Die Schüler sollten jedoch nicht den Eindruck bekommen, daß jeder Deutsche Fußball spielt. Fußball ist der Sport mit der absolut größten Zahl von passiven Anhängern.
kegeln	Kegeln war in Deutschland früher die typische Sportart älterer Herren. Es unterscheidet sich vom Bowling im wesentlichen dadurch, daß mit 9 Kegeln gekegelt wird.

bin ich immer ganz sauer

Die einzige wirklich familiäre (nicht vulgäre) Redewendung des Buches, die umgangssprachlich sehr häufig benutzt wird. *(Gestern hat er seinen Zug verpaßt. Er war vielleicht sauer!)*

Schlüssel 22 C

1. **a.** Wenn Sie die Fotos sehen wollen, müssen Sie mich vorher anrufen. **b.** Wenn Sie das Museum besichtigen wollen, müssen Sie hier Karten kaufen. **c.** Wenn Sie schnell zum Flughafen wollen, müssen Sie jetzt ein Taxi bestellen. **d.** Wenn Sie ein schönes Kleid kaufen wollen, müssen Sie in die Stadt fahren. **e.** Wenn Sie schnell etwas essen wollen, müssen Sie in dieses Restaurant gehen. **f.** Wenn Sie am Tegernsee Urlaub machen wollen, müssen Sie jetzt ein Zimmer bestellen. **g.** Wenn Sie einen Gebrauchtwagen kaufen wollen, müssen Sie die Anzeigen in der Zeitung lesen.

2. **a.** Wenn Sie sich für Fußball interessieren, gehen Sie ... **b.** Wenn Sie sich für Krimis interessieren, kaufen Sie sich doch ... **c.** Wenn Sie sich für Musik interessieren, gehen Sie doch mit ... **d.** Wenn Sie sich für Französisch interessieren, fahren Sie doch mit ... **e.** Wenn Sie sich für Kegeln interessieren, gehen Sie doch heute abend mit.

3. **a.** Wenn Sie Zeit haben, zeige ich Ihnen gern die Stadt. **b.** Wenn Brigitte Zeit hat, zeige ich ihr gern den Olympiapark. **c.** Wenn Herr Fischer Zeit hat, zeige ich ihm gern mein neues Büro. **d.** Wenn die Kinder Zeit haben, zeige ich ihnen gern das Stadion. **e.** Wenn du Zeit hast, zeige ich dir gern unser Museum.

4. **a.** Wenn sie den Brief geschrieben hat, muß sie die Werkstatt anrufen. **b.** Wenn er den Damen das Frühstück gebracht hat, muß er das Konferenzzimmer aufräumen. **c.** Wenn er den Zaun repariert hat, muß er das Gartentor streichen. **d.** Wenn er seine Hausaufgaben gemacht hat, muß er mit dem Hund spazierengehen. **e.** Wenn sie eingekauft hat, muß sie das Abendessen machen.

5. **a.** ob ich ein Hobby habe **b.** ob ich Fußball spiele **c.** ob ich eine Familie habe **d.** ob ich ein Haus habe **e.** ob ich ein Auto habe **f.** ob ich Deutsch spreche **g.** ob ich Klavier spiele **h.** ob ich rauche

6. **a.** ob ich ihm helfen kann **b.** ob ich ihr helfen kann **c.** ob ich ihr die Zeitung holen kann **d.** ob ich ihm in der Werkstatt helfen kann

7. **a.** die ist noch besser **b.** der ist noch schöner **c.** die ist noch interessanter **d.** die sind noch lauter **e.** die sind noch schöner

8. **a.** die war früher auch nicht besser **b.** das war früher auch nicht billiger **c.** der war früher auch nicht teurer **d.** die waren früher auch nicht lauter **e.** die waren früher auch nicht schöner

9. und **10.** Die Übungen 9 und 10 dienen nur als Anregung zum freien Gespräch (gelenkter Dialog). Sie haben infolgedessen keine eindeutigen Lösungen.

Lektion 23

Das Deutsche Museum wurde 1903 von Oskar von Miller (1855–1934) gegründet. Es ist eine umfassende Belehrungs- und Bildungsstätte der exakten Naturwissenschaften und der Technik. Vor allem soll die geschichtliche Entwicklung der naturwissenschaftlichen Erkenntnis und ihre Anwendung sichtbar gemacht werden.

Wankel-Motor: Von dem deutschen Ingenieur Felix Wankel erfundener sog. Kreiskolbenmotor, der im Gegensatz zu den sich auf- und abbewegenden Kolben des Otto-Motors Scheiben hat, die sich drehen. Auch Rotationskolbenmotor genannt.

König Ludwig von Bayern: Gemeint ist König Ludwig II (1845–1886), Freund Richard Wagners und Erbauer der Schlösser Herrenchiemsee, Schloß Linderhof und Neuschwanstein.

Mercedes von 1938: Der Wagen auf Bild 18 ist nicht der Rennwagen, von dem hier die Rede ist.

Otto Lilienthal (1848–1896) machte Versuche mit Gleitflugzeugen. Messerschmitt und Junkers waren deutsche Flugzeugkonstrukteure.

Schlüssel 23 C

1. **a.** der berühmte Ford **b.** der erfolgreiche Volkswagen **c.** der schnelle Lancia **d.** der teure Rolls Royce **e.** der moderne Peugeot

2. a. vor dem Deutschen Museum **b.** vor dem neuen Fernsehturm **c.** vor dem alten Rennwagen **d.** vor dem neuen Wankelmotor **e.** vor dem berühmten Ford **f.** vor dem alten Rathaus **g.** vor dem neuen Bahnhof **h.** vor dem teuren Restaurant **i.** vor dem großen Hotel

3. a. vor dem höchsten Gebäude der Bundesrepublik **b.** vor dem ältesten Telefon der Welt **c.** vor dem wichtigsten Flugzeug der Lufthansa **d.** vor dem schnellsten Rennwagen der Welt **e.** vor dem größten Park der Stadt

4. a. Woher haben Sie das Flugzeug? – Das hat uns die französische Regierung geschenkt. **b.** Woher haben Sie die Gitarre? – Die hat mir mein Bruder geschenkt. **c.** Woher haben sie das Klavier? – Das hat ihnen mein Vater geschenkt. **d.** Woher hat sie den Sportwagen? – Den habe ich ihr geschenkt. **e.** Woher haben sie das Buch? – Das haben wir ihnen geschenkt.

5. a. wieviel die gekostet hat **b.** wieviel das gekostet hat **c.** wieviel das gekostet hat **d.** wieviel das gekostet hat **e.** wieviel der gekostet hat **f.** wieviel das gekostet hat **g.** wieviel die gekostet hat

6. a für alte Flugzeuge **b.** für schnelle Autos **c.** für teure Pelzjacken **d.** für moderne Häuser **e.** für neue Gebäude **f.** für alte Frauen **g.** für berühmte Politiker

7. a. ein deutsches Erzeugnis ... ein französisches Erzeugnis **b.** ein italienisches Erzeugnis ... ein englisches Erzeugnis **c.** ein amerikanisches Erzeugnis ... ein russisches Erzeugnis

8. und 9. Der ist von ... (Die ist von ...) sind Leseübungen mit doppeltem Zweck. Sie sollen einerseits das geläufige Lesen von Jahreszahlen üben, andererseits aber auch das von manchen Ausgangssprachen abweichende Geschlecht von Autos und Flugzeugen bei Angabe der Marke.

10. a. eine Fabrik – eine Schuhfabrik **b.** ein Rathaus – ein Privathaus **c.** eine Fabrik – eine Automobilfabrik **d.** eine Schule – ein Theater **e.** ein Konzertsaal – ein Kaufhaus

11. a. diese Handtasche – meiner Freundin **b.** diese Gitarre – meinem Bruder **c.** diese Flasche Whisky – meinem Vater **d.** diese Briefmarke – meiner Mutter **e.** diese Pfeife – Herrn Fischer

12. **a. – e.** dieses – es

13. **a.** dieser Wagen – der älteste Wagen **b.** dieser Turm – der höchste Turm **c.** dieser Park – der größte Park **d.** dieser Motor – der teuerste Motor **e.** dieses Museum – das größte Museum **f.** diese Maschine – die schnellste Maschine

14. **a. – j.** möchte ich ... studieren

15. Ebenfalls als Anregung zum Gespräch gedacht. *Was möchten Sie haben, ein großes Haus oder eine kleine Wohnung? Wieviele Zimmer haben Sie (brauchen Sie)?* etc.

Lektion 24

Als Abschlußlektion bringt Lektion 24 lediglich die Struktur *ich würde ... wenn ich wäre ...*, die noch nicht in allen Möglichkeiten durchgespielt wird, zumal das *ich hätte* noch fehlt. Hier soll im Zusammenhang mit der in Lektion 20 eingeführten Diskussionsterminologie noch einmal eine echte Diskussion mit Frage und Antwort ablaufen, natürlich mit humoristischem Einschlag. Wenn der Text mit verteilten Rollen gelesen wird, kann der Lehrer sofort eingreifen und sagen: *Herr ... würde die Flugzeuge abschaffen. Finden Sie das richtig? (Was meinen Sie? Sind Sie dafür? Sind Sie dagegen? Ist das ein gutes Argument?* etc.). Die Übung 24 C 7 entspricht dem heutigen Sprachgebrauch *(Was würden Sie sagen, wenn ich Ihnen mein Auto schenke?* anstelle von: *Was würden Sie sagen, wenn ich Ihnen mein Auto schenkte?* Oder: *Was würden Sie sagen, wenn Ihre Tochter per Anhalter nach Afrika reist?* anstelle von: *Was würden Sie sagen, wenn Ihre Tochter per Anhalter nach Afrika reiste?).* In der Übung 24 C 11 ist *sollte* in der Form *man sollte* nur formal Präteritum. Die Form ist idiomatisch zu übersetzen.

Schlüssel 24 C

1. **a.** weil Politiker viel reisen müssen **b.** weil ich mir gerade einen Sportwagen gekauft habe **c.** weil meine Kinder etwas lernen sollen **d.** weil ich selbst Politiker bin **e.** weil ich immer gut in Mathematik war

2. **a. – i.** Ja, ich würde ... bauen. (Nein, es gibt schon genug ...)

3. a. wenn wir um sechs in München sein wollen **b.** wenn wir nächstes Jahr ein Haus bauen wollen **c.** wenn er 2000 Mark verdienen möchte **d.** wenn sie jetzt in die Stadt fahren will **e.** wenn er heute abend kommen soll

4. a. – i. Können Sie ...? – Nein, aber ich interessiere mich dafür. Ich würde es gern lernen.

5. a. damit man wieder atmen kann **b.** damit die Kinder etwas lernen können **c.** damit man reisen kann, wohin man will **d.** damit die Kinder Sport treiben können **e.** damit die Menschen wieder schlafen können

6. a. damit sie sich ein Kleid kaufen kann **b.** damit er nach Griechenland fahren kann **c.** damit er nach New York fliegen kann **d.** damit sie anfangen können

7. a. wohin ich reisen würde **b.** was ich tun würde **c.** was ich sagen würde **d.** was ich sagen würde

8. a. Nein, das mußte ich abschaffen, weil meine Wohnung zu klein ist. **b.** Nein, den mußte ich abschaffen, weil meine Familie zu groß ist. **c.** Nein, die mußte sie abschaffen, weil sie zu langsam waren. **d.** Nein, die mußte sie abschaffen, weil sie zu klein waren.

9. a. – d. Haben Sie soviel ... ?

10. a. daß die Polizisten so wenig verdienen **b.** daß die Kinder jeden Tag zur Schule gehen müssen **c.** daß man jeden Tag arbeiten muß **d.** daß die Flugzeuge so viel Lärm machen **e.** daß die Theaterkarten so teuer sind **f.** daß die Menschen sich gegenseitig umbringen **g.** daß Flugkapitäne so viel verdienen **h.** daß Studenten so lange Ferien haben

11. a. eine Weltregierung **b.** eine Firma **c.** eine Beatgruppe **d.** eine Fußballmannschaft **e.** einen Kegelklub

12. Als Anregung zur humorvollen Abschlußdiskussion von Band 1, bzw. auch als Anlaß für einen Bericht in Briefform.
(Die Adresse des Verlages: Max Hueber Verlag, D 8045 Ismaning bei München, Krausstraße 30.)